U0533210

学在竺院系列丛书

勇担使命 拔尖筑峰
——《拔尖通讯》精选（第一辑）

浙江大学竺可桢学院　编
《拔尖通讯》编委会　组编
路　欣　主编
叶景佳　执行主编

浙江大学出版社
·杭州·

图书在版编目（CIP）数据

《拔尖通讯》精选. 第一辑, 勇担使命 拔尖筑峰 / 浙江大学竺可桢学院编. -- 杭州：浙江大学出版社, 2024. 10. -- ISBN 978-7-308-25273-7

Ⅰ. G649.285.51-53

中国国家版本馆CIP数据核字第2024CF5520号

勇担使命 拔尖筑峰——《拔尖通讯》精选（第一辑）

浙江大学竺可桢学院 编

责任编辑	季　峥
责任校对	潘晶晶
封面设计	林智广告
出版发行	浙江大学出版社
	（杭州市天目山路148号　邮政编码310007）
	（网址：http://www.zjupress.com）
排　　版	杭州林智广告有限公司
印　　刷	杭州高腾印务有限公司
开　　本	710mm×1000mm　1/16
印　　张	12.5
字　　数	228千
版 印 次	2024年10月第1版　2024年10月第1次印刷
书　　号	ISBN 978-7-308-25273-7
定　　价	86.00元

版权所有　侵权必究　印装差错　负责调换

浙江大学出版社市场运营中心联系方式：0571-88925591；http://zjdxcbs.tmall.com

目 录

工作动态

在基础学科拔尖学生培养计划2.0工作推进会上的讲话　/ 3

教育部"基础学科拔尖学生培养计划2.0"2021年度工作推进会在上海交通大学举办　/ 8

两会代表委员畅谈基础学科拔尖创新后备人才培养工作　/ 16

在物理学暑期学校开营仪式上的讲话　/ 20

人物访谈

酷爱星辰，岂惧夜幕
　　——对话李向东教授　/ 25

朱邦芬院士和清华大学学堂计划叶企孙物理班　/ 30

重拾《蛙鸣》，华罗庚数学拔尖学生培养基地再出发　/ 38

未来科学大奖得主张杰院士的十年致远筑梦之路　/ 43

中文学科拔尖学生国际化培养的探索与建议
　　——复旦大学中文系中青年教师六人谈　/ 48

科教结合协同育人，培养生命科学拔尖创新型人才
　　——中国科学院大学生命科学学院的科教结合协同育人　/ 59

少年意气强不羁，不患生死争朝夕
　　——记艰难不屈的伯苓少年王子健　/ 65

研究成果

也谈气局与拔尖创新人才成长 / 71

"小实践大投入"
——厦门大学"海洋科学"基础学科拔尖学生培养计划之
"海丝学堂"项目 / 76

IACUB模式：历史学本科拔尖人才跨学科培养路径探索 / 82

基于积极教育理念的拔尖学生积极心理品质培养提升研究
——吉林大学实践探索研究成果 / 89

数字经济时代经济学拔尖学生培养体系探索 / 94

面向数字经济的计算机科学拔尖人才培养探索 / 100

拔尖创新学生选拔机制的研究与实践 / 110

优秀案例

培养物理学的领军人
——北京大学物理学院拔尖计划十年回顾 / 119

构筑协同育人生态系统，培养基础学科拔尖人才 / 127

科教融合，培养一流创新英才 / 135

构建高校野外联合实践教学，探索地理学拔尖人才培养
新模式 / 140

打造数学高地，培养一流人才 / 145

云端化学国际项目开启后疫情时代拔尖人才国际化培养新格局　　/ 150

拔尖卓越，孜孜以求　　/ 157

科研融合实验课程教学模式探索，培养拔尖创新人才　　/ 160

以生为本　教学相长
——"华罗庚讨论班"课程的探索与实践　　/ 167

"小荷已露尖尖角"
——走进华中科技大学化学拔尖1801班的故事　　/ 173

"一体两翼、四制五维"
——空天力学拔尖计划在北航　　/ 180

致远学院的通识教育　　/ 185

附　录

全国拔尖基地汇总　　/ 190

工作动态

在基础学科拔尖学生培养计划2.0工作推进会上的讲话

教育部党组成员、教育部副部长[①]

吴 岩

各位专家、各位老师：

2年前，即2018年12月，也是在这个会议室，教育部高教司组织召开了"基础学科拔尖学生培养计划"（简称拔尖计划）1.0实施十年总结交流暨2.0启动工作会议，对拔尖计划前面10年的工作进行了总结，对启动拔尖计划2.0进行了交流研讨。今天，我们的会议也非常重要，是拔尖计划2.0首次基地建设工作推进会，首批33所高校104个基地的老师和领导们共同研讨如何把拔尖计划的第2个10年做好，具有承上启下的意义。

刚才5位老师作了报告，彭刚校长也作了致辞。我觉得致辞和报告都非常精彩，我很受教育，也引发了很多的联想和思考。比如，朱邦芬院士提出的3个需要探讨的问题"如何提高学生学习和研究的主动性？通识教育与专业教育如何更好融合？如何尽可能减少急功近利的影响？"发人深省，引人深思。上个月（指2018年11月），朱邦芬老师获评第二届"杰出教学奖"，朱老师为中国的基础学科拔尖人才培养孜孜以求，认真地教、认真地推，值得我们尊敬。上海交通大学徐学敏副校长介绍了上海交通大学对拔尖人才培养的探索与实践，重点讲了"融通、交叉、创新"，介绍了致远书院构建的学科融通的课程体系和进阶式科研训

[①] 时任教育部高等教育司司长。

练体系。我觉得非常精彩，上海交通大学的探索非常扎实而有远见。山东大学吴臻副校长从固本、弥新、育贤三个层面介绍了山东大学对文科拔尖学生培养的探索，讲了尼山学堂的建设工作，也非常精彩。南京信息工程大学（简称南信大）李北群校长的报告体现了一位地方高校校长的胸怀和对工作的极致追求，我觉得非常好。南信大也是首批入选拔尖计划 2.0 的唯一一所地方高校。我们正在推进第二批拔尖基地的遴选工作，希望还有其他地方大学能够入选。我们坚持"不唯身份，只唯水平"，只要是好的学校、好的学科、好的基地，不管是中央部属高校还是地方高校，都可以入选。李校长刚才讲了南信大在大气科学拔尖人才培养方面的探索，希望南信大能够在大气科学人才培养方面在中国乃至世界处于领先地位，对此我们满怀期待。北京大学（简称北大）原校长王恩哥院士结合在北大任职时期的教改实践，介绍了小班课教学。我觉得讲得非常好。王老师是我非常尊敬的一位"大"老师，他讲了因材施教、师生互动、非标答案、老师坐班制等。北大是中国非常有代表性的、特殊的"文化符号"，在很多方面的探索不仅新而且深，体现了"大"学校的"大"作为。

这 5 位老师讲的既有理论思考，也有实践探索，既包括理科，又包括文科和医科，我觉得很生动、很精彩、很深刻，希望大家多多消化、吸收，在拔尖基地建设中更好地创造出多种经验、多种模式。拔尖计划 2.0 在 1.0 基础上要有所前进、拓展、提升，我觉得这是非常重要的。

今年（指 2020 年）6 月，我在拔尖计划 2.0 基地遴选工作部署会上讲了对拔尖计划 2.0 的战略部署和考虑，大概包括三个方面。

在基本定位方面，要突出"三个再"。一是对基础学科的再认识。基础学科是科技创新的母机，是战略安全的底牌，是国家富强的血脉。二是对基础学科拔尖人才的再定位。他们对世界而言是人类未来发展的探路者，对中国而言是民族复兴大业的"清道夫"。三是对基础学科拔尖学生培养基地的再强化。这批基地将成为国家一流人才培养的高地、基础学科拔尖人才的孵化器、"天才""鬼才""偏才""怪才"脱颖而出的梦工厂。教育部实施拔尖计划 2.0 的战略意图就是"前瞻布局，领跑未来，培养中华民族伟大复兴的战略力量"。

在形势研判方面，要把握"三个局"。要谋大局、应变局、开新局，把握中华民族伟大复兴的战略大局，主动应对新科技革命和产业变革、中美战略博弈以及新冠疫情影响共同叠加的战略变局，开启拔尖计划 2.0 改革新局。

在工作思路方面，要实现"四个突破"。拔尖计划 2.0 将从拓围、增量、提质、创新 4 个方面加大改革力度。拓围：实施范围从纯理拓展到大理、大文、大医，真正变成高等教育的基础学科人才培养计划；增量：实施拔尖计划 1.0 的 10 年，我们培养了约 1 万名学生，拔尖计划 2.0 计划用 10 年左右时间培养数万名基础学科拔尖学生，要实现从"千人计划"向"万人计划"的转变；提质：不是数量的增加，而是质量的变轨，要培养领跑的、能在"无人区"探索开路的领军人才，要符合探路者和清道夫的定位；创新：探索书院制、导师制、学分制交叉融通的创新模式，形成拔尖人才培养的中国方案。

今天，我就基础学科拔尖学生培养再讲三点意见。

第一，要强化使命担当。

增强使命感，把拔尖计划作为"十四五"规划和 2035 远景目标规划的重要任务来深入推进，要通过这个计划让中国的基础学科面貌焕然一新，能够在世界前沿的第一阵地里有中国人、有中国的声音、有中国的名字、有中国的贡献。

从国家发展看，创新在我国现代化建设全局中居于核心地位，是实现中华民族伟大复兴的先导工程和基础工程；创新是当前教育发展最大的战略问题和主要短板，也是教育发展必须遵从和落实的战略任务。无论对国家建设还是对教育发展，创新都起到纲举目张的作用。教育创新是建设高质量教育体系的核心内容，是推动经济社会高质量发展的核心力量。拔尖计划要做创新的"领头人"，要立潮头、开先河、领风骚。

从国际竞争看，新一轮科技革命和产业变革蓬勃兴起，科学探索加速演进，全球科技竞争不断向基础研究前移，世界主要发达国家普遍强化基础研究战略部署，加大基础学科人才培养的力度。例如，美国于 2018 年发布《STEM2026》，德国于 2019 年推出新的"MINT（数学、信息技术、自然科学和工程技术专业）计划"，加强理工类，特别是理工类基础学科人才培养。要想赢得全球科技竞争的主动权，需要我们在基础学科人才培养方面全面发力。在这件事上做好了，我们才能够从被动转为主动、从跟跑转向并跑和领跑。

无论从国家的战略需求还是国际竞争来看，创新都是我们拔尖计划 2.0 要做好的工作。

第二，要深化"三制"改革。

要实现从培养一般优秀人才到培养伟大的杰出人才的转变，实现从"三化"（小班化、国际化、个性化）到"三制"（书院制、导师制、学分制）的转变。

书院制重在创设环境。新时代的书院制不是对欧美大学住宿学院制度的简单移植，也不是对中国传统书院制度的盲目回归，而是一种中西贯通的全新探索。要"好酒泡人参"，注重"浸润""熏陶""养成""感染""培育"，推动实现学生快成才、多成才、成大才，成才率高、成大才率高；要让学生不跑偏、不走极端，培养可靠接班人和优秀建设者。这是高阶要求的"又红又专"。

导师制重在言传身教。导师制是高校培养高质量人才的一个基本手段。要吸引理念新、能力强、肯投入的名师、大师参与拔尖计划，让学生在这些名师、大师的带领下耳濡目染，体会学术成长和人生成长，激发学术兴趣和创新潜力。

学分制重在制度设计。去年（指2019年），教育部发布了"质量22条"（《关于深化本科教育教学改革全面提高人才培养质量的意见》），学分制是其中一项重要内容。学分制主要是为优秀学生早成才、快成才提供制度安排。以学分积累作为学生毕业标准，支持拔尖学生自主构建培养方案、跨界选择优质课程，实施弹性学制，允许提前毕业，探索荣誉学位，增强挑战性和荣誉感，为拔尖学生提供好的土壤，为天才留空间、为中才立规矩。

第三，要做好分类探索。

我们要给拔尖计划2.0分类探索留有足够的空间。朱邦芬老师讲，教育部在拔尖计划1.0实施过程中没给学校更多的束缚，没有用同一尺度来评价，没有框定人才培养模式和路径，这是计划能够取得巨大成效非常重要的一点。拔尖计划2.0把实施范围拓展到理科、医科、文科三大类，每一类有完全不同的特色。我们强调"一校一策、一基地一策"，要探索多元模式、体现优势特色。我们也强调学科领域之间的交叉、融通和整合，寻求创新生长点和突破口，形成中国经验和方案。自然科学领域要助力国家提升硬实力，医学领域要助力国家提升健康力，哲学社会科学领域要助力国家提升软实力。

实施好拔尖计划，各个学校、各个基地、各位老师非常重要。我们要有"功成不必在我"的精神境界，既要有不着急、甘坐冷板凳、敢坐冷板凳的情怀，又要有"功成必定有我"的干劲，要以着急的、只争朝夕的精神面貌推进工作。我想这是一个"不着急"的计划，却是"着急"的工作，我们要做好这些工作，要源源不断地培养一批有家国情怀、世界胸怀的青年英才，为中华民族伟大复兴培养战略力量，为全世界、全人类的自然科学发展、医学发展、社会科学发展做出中国贡献。

再过30年、50年、80年……当有人再回望这一段时间，在描写21世纪中国高等教育史的时候,希望我们拔尖计划1.0、2.0,甚至今后的3.0,能够得到浓墨重彩的体现。希望拔尖计划能让中国的高等教育走得稳、跑得快、飞得高。

谢谢各位!

(录音整理稿,2021年1月)

教育部"基础学科拔尖学生培养计划2.0"2021年度工作推进会在上海交通大学举办

上海交通大学

2021年12月23日，教育部"基础学科拔尖学生培养计划2.0"2021年度工作推进会暨第二届致远学院"拔尖人才培养论坛"在上海交通大学举办。会议线上线下同步召开，北京大学、清华大学、北京航空航天大学、北京师范大学、南开大学、复旦大学、同济大学、南京大学、浙江大学、山东大学、武汉大学、中山大学等高校的2000多名拔尖计划工作人员共同参与，探讨"引领未来的拔尖人才培养"的重要议题。开幕式和主旨报告环节通过拔尖计划2.0全国线上书院直播，吸引了8000多人次在线观看。教育部高等教育司司长吴岩，上海市教委

教育部"基础学科拔尖学生培养计划2.0"2021年度工作推进会召开

副主任李永智，上海交通大学党委常委、校长林忠钦，上海交通大学学术委员会主任、致远学院创院院长张杰，上海交通大学党委常委、副校长兼致远学院院长徐学敏等出席会议。

各大高校拔尖计划参与者、管理者线上参会

开幕式由徐学敏主持。林忠钦首先致欢迎辞。他表示上海交通大学在教育部的支持下，十余年来探索形成了拔尖创新人才培养的"致远模式"，近年来进一步探索延伸拔尖人才培养链，启动"博士生致远荣誉计划"，以学科融通为抓手，构建以交叉创新为基础的全人教育体系，已初显成效。他希望本次会议和论坛能为全国拔尖创新人才培养的探索者、管理者搭建一个交流情感、传播思想、分享智慧的平台。

李永智在致辞中指出，面对新发展阶段的新要求，上海高等教育围绕服务国家重大战略需求和地方经济社会发展需要，超前实践、积极应变、主动求变，致力于在构建新发展格局中继续发挥示范引领作用。"十四五"期间，上海将以体制机制创新和教育教学改革为重点，全面营造有利于基础学科拔尖人才成长的良好氛围，为解决国家"卡脖子"问题和打造科技创新高地提供人才支持。

吴岩作题为《走好基础学科拔尖人才自主培养之路》的主旨报告，提出要从三方面扎实推进基础学科拔尖学生培养工作。一是"底气"。基于两维度四指标的分析，我国高等教育已经迈入世界高等教育第一方阵，基础学科拔尖学生培养

上海交通大学党委常委、校长林忠钦致欢迎辞

上海交通大学党委常委、副校长兼致远学院院长徐学敏主持会议

上海市教委副主任李永智致辞

教育部高等教育司司长吴岩作主题报告

工作有自信、有底气、有能力、有实力。二是"目标"。从党中央、国务院高度重视与加强部署等方面分析,高等教育要肩负重大使命,发挥主力军作用,把基础学科拔尖人才培养作为关键目标。三是"方案"。要凝练拔尖计划2.0育人模式,形成基础学科拔尖人才培养的中国方案,构建高质量基础学科人才培养体系,为建设世界重要人才中心和创新高地奠定基础。

主旨报告环节由致远学院常务副院长章俊良主持。张杰作题为《依托致远书院的未来拔尖人才培养探索》的主旨报告,回顾了致远学院成立时的初衷——将一批最具创新潜力的学生和最具创新思维的教师聚集在一起,让他们相互激发创造力。经过十余年的探索,"致远模式"人才培养已取得一定的成果。大学教育的重要目标在于为学生构建面向未来的知识体系,培养正确的思维方式。上海交通大学以致远书院为依托,通过课程融通探索、"致远未来学者计划"体系等,培养能应对未来世界变局、具备跨界融通和解决复杂问题能力的创新型领袖人才。

图灵奖得主、上海交通大学约翰·霍普克罗夫特班首席教授约翰·霍普克罗夫特(John Hopcroft)作题为"Improving undergraduate education in China"的演讲。他在上海交通大学工作的十余年间,参与帮助上海交通大学建立了世界领先的计算机科学教育项目,有效提升了上海交通大学计算机学科本科教育的水平。他指出,中国高校可以通过提升教师的学科知识和教学能力、与国家实验室双聘一流师资、减轻科研人员筹集资金和发表论文的压力等方式,来提高优秀青年教师的教学动力与能力,从而提升本科教学质量。

致远学院常务副院长章俊良主持主旨报告环节

上海交通大学学术委员会主任、致远学院创院院长张杰作主旨报告

图灵奖得主、上海交通大学约翰·霍普克罗夫特班首席教授约翰·霍普克罗夫特作主旨报告

工作动态

中国科学院院士、西湖大学校长施一公以《拔尖创新人才培养的几点思考》为题作主旨报告。他表示，多元差异是创新的源泉，拔尖创新人才培养无法照搬国际模式，中国有必要、也有能力探索出具有中国特色的拔尖创新人才培养方案。一流大学承载着拔尖创新人才培养的历史使命和时代重任，要打破学科专业限制，培养学生学科交叉的视野和思维，营造鼓励创新的文化氛围，激发学生的科研兴趣，鼓励学生拥有科研进取的勇气，并强调只有有兴趣才会有方向，有方向才能成为真正的拔尖创新人才。

中国科学院院士、西湖大学校长施一公作主旨报告

经济学家、南开大学讲席教授逄锦聚作题为《面向新时代培养更高水平的经济学创新拔尖人才》的报告分享，指出拔尖创新人才既靠培养，又靠自我成长，内在的自我成长与外在的培养环境同样重要。"基础学科"之"基"主要在于基本知识、基本理论、基本方法、基本素质和基本能力。他强调要把培养学生的思想道德素质摆在首位，着力培养学生的经济学专业素质，创新课程体系和教材体系，培养出兼懂马克思主义政治经济学和西方经济学思想理论、能为中国特色新时代社会主义做出贡献的经济学人才。

经济学家、南开大学讲席教授逄锦聚作主旨报告

约翰·霍普克罗夫特与他的学生——2020年图灵奖得主、哥伦比亚大学教授阿尔佛雷德·艾侯（Alfred Aho）展开了一场"炉边对话"。该对话由致远学院约翰·霍普克罗夫特班项目主任郁昱主持。两位图灵奖得主就"大学的使命""是否存在一种思考方式适用于计算机的所有领域""如何找到自己感兴趣的研究课题""如何鼓励女性进入计算机科学领域"等问题展开了交流探讨。他们特别强调了引导学生找到自己的兴趣所在的重要性。

约翰·霍普克罗夫特教授与阿尔弗雷德·艾侯教授的"炉边对话"

在下午召开的拔尖计划2.0工作推进会上，秘书组单位清华大学、浙江大学、南京大学、上海交通大学分别介绍了2021年工作进展和2022年工作安排。在拔尖计划2.0首次荣誉表彰环节中，共评选出创新案例奖29项、优秀教师奖67项、优秀管理人员奖73项、优秀学生奖80项。此外，《"拔尖计划2.0"2021年在校生学情调查报告》发布，便于各校及时追踪了解学生学习进展及学习成果。工作推进会由教育部高等教育司理工处处长高东锋主持。

教育部高等教育司理工处处长高东锋主持拔尖计划2.0工作推进会

推进会后，举办了"新时代书院制育人探索和实践""科教融合促进原创思维和学科交叉能力培养""新形势下国际国内交流与合作""拔尖学生成长和跟踪"四场分论坛。来自北京大学、清华大学、复旦大学、南京大学、浙江大学、华东师范大学第二附属中学、华为上海研究所等高校和机构的 19 位专家学者进行了专题分享，与会人员开展了深入探讨。

（2022 年 1 月）

两会代表委员畅谈基础学科拔尖创新后备人才培养工作

中国科协青少年科技中心

吴　爽、季士治

中国科协和教育部自 2013 年开始共同组织实施中学生科技创新后备人才培养计划（简称英才计划）。英才计划旨在选拔一批品学兼优、学有余力的中学生走进大学，在自然科学基础学科领域的著名科学家指导下参加科学研究、学术研讨和科研实践，使中学生感受名师魅力，体验科研过程，激发科学兴趣，提高创新能力，树立科学志向，为基础学科拔尖学生培养计划（简称拔尖计划）输送后备力量，并以此促进中学教育与大学教育相衔接，建立大学与中学联合发现和培养青少年科技创新人才的有效模式。

2022 年 3 月 4—11 日，全国政协十三届五次会议和十三届全国人大五次会议在北京胜利召开。会议期间，英才计划专家咨询委员会委员田刚院士、袁亚湘院士、武向平院士、高琛校长和冯丹教授等 5 位人大代表、政协委员通过视频访谈、电话连线等形式接受了新华网的独家专访，介绍英才计划的实施情况和效果，为加强基础学科拔尖创新后备人才培养积极发声，提出了"随着新政策和机制的实施，英才计划将更好地实现高中和大学的衔接过渡，迎来新发展机遇""应充分利用英才计划等平台，进一步扩大实施覆盖范围"等观点，面向社会传递了拔尖创新后备人才培养和科技教育的"好声音"。

田刚：高中和大学是两个截然不同的教育阶段，进入大学意味着面对挑战和压力。如何更好地加深高中与大学在人才培养、教育贯通等方面的互动交流，实现学校之间的衔接过渡，受到广泛关注。英才计划注重中学教师、大学教师、家长之间的合作，充分发挥培养学生的兴趣与优势。通过后期跟踪发现，学生对英才计划的参与度和兴趣度都在逐年提高。随着新政策和新机制的实施，英才计划将更好地实现高中和大学的衔接过渡，也将迎来更大的发展。

2022年3月9日，《田刚委员：培养学生的科研兴趣 需要学校、教师和家长共同努力》发表于新华网首页重点展示位置

武向平：英才计划在现有的教育体系下为有志于从事科学研究的中学生铺设了一条科研之路，鼓励中小学生参与科研活动，在参与科研活动和接触科学家的过程中培养对科学的热爱，并在专业老师的指导下养成全面的科学观和科学素质。应充分利用英才计划等实施平台，并进一步扩大其实施覆盖范围，尤其是向偏远地区倾斜，探索更多途径，包括网络科教资源进入偏远地区，为青少年创造条件和路径，使乡村的孩子们走进城市，走入高校，走进实验室，参与体验科研实践。同时，也希望有更多的科学家和大学教师走进乡村，走到孩子们中间去，通过面对面交流，激发孩子们的科研兴趣与梦想，助力他们成长为具备科学家潜质的群体。

2022年3月7日，《武向平：投身青少年科学教育 助力建设具备科学家潜质的青少年群体》发表于新华网首页重点展示位置

袁亚湘：建议重视基础学科拔尖人才的培养，在培养过程中要始终坚持兴趣导向，投入优质师资进行指导，并提供高层次的科研平台和更多的发展机会。兴趣是推动科学前行最大的动力，在各个教育阶段都要培养青少年对基础学科的兴趣，也应充分发挥英才计划等人才培养计划对青少年成长成才的助推作用。

2022年3月8日，《袁亚湘：科技人才培养应激发科研兴趣 提供良好的科研平台及环境》
发表于新华网首页重点展示位置

高琮：在"双减"背景下，推进基础教育人才培养模式多样化，特别是早期发现青少年的天赋才能并进行培养，是教育更好地服务于国家战略的需要，也是发展更加公平、更高质量教育的必然要求。英才计划旨在切实促进高校优质科技教育资源开发开放，建立大学与中学联合发现培养青少年科技创新人才的有效方式。教育工作者可以进一步打破学科的边界，引导学生找到学习的目标和乐趣；打破学习的边界，加强学生创新思维和动手实践能力的培养；更要打破学校的边界，整合社会教育资源，为对基础学科感兴趣的学生提供拓展性课程。

2022年3月5日，《高琮："双减"背景下有效促进基础学科拔尖人才早期发现与培养》
发表于新华网首页重点展示位置

冯丹：从信息技术创新发展的角度看，我们应注重人才培养，在推动产学研深度融合的过程中实现科技成果进一步转化和人才创新能力提升。英才计划引导学有余力的中学生持续保持对计算机及相关学科的兴趣，助其在参与科学实践活动的过程中全面提升科学素养。

2022年3月10日，《冯丹代表：培养信息技术创新人才 推动科学研究产学研深度融合》发表于新华网首页重点展示位置

（2022年4月）

在物理学暑期学校开营仪式上的讲话

教育部党组成员、教育部副部长[①]

吴 岩

特别高兴今天能够参加这次活动。这是教育部基础学科拔尖学生培养计划 2.0 在 2022 年的第 1 个暑期学校的开班仪式。这届暑期学校有来自 21 所学校的 173 名同学参加，可以说大家来自百里挑一的学校，是万里挑一的学生。这虽然是件小众的事，却是一件大事，从某种意义上说，甚至是一件天大的事。为什么这么说？

基础学科是科技创新的母机、国家安全的底牌、民族复兴的血脉。我们培养的是要解决"卡脖子"问题的一批人，也就是未来要掌握关键技术的卓越人才。我们重要的、基础性的工作就是解决"卡脑子"的问题，培养进行科学原创的基础学科拔尖人才——这正是教育部设立基础学科拔尖学生培养计划 2.0 的战略意图。我们要在基础理科、基础医科和基础文科方面选 20 个基础学科，培养杰出的自然科学家、杰出的医学科学家、杰出的哲学社会科学家。我相信，假以时日，在座的同学中一定会有人脱颖而出，成为人类未来的探索者，成为中华民族伟大复兴的建设者。因此，这件事情是一件天大的事，是一件伟大的事。

如果同学们要成为未来科学领域的领跑者，我想提三点期待，与大家共勉。

第一，要成为未来的领跑者，需要有解决问题的强大能力，更需要有提出问

[①] 时任教育部高等教育司司长。

题的过人本领。十年以后、二十年以后，你们有可能成为某一个领域、某一个学科方向的探路者、领跑者，但是在成为这种科学领域的领军人物之前，你们首先要从学习者做起，要努力在知识、能力、素质、精神方面不断成才、成人。在基础学科拔尖学生培养计划里，我们为优秀学子配备了一批像朱邦芬教授这样十年如一日在相关领域耕耘的大老师、大先生，他们会给同学们提供学术的引领、人生的指导，也会有精神的感召。同学们在学习过程中，会耳濡目染地传承和践行这批大科学家身上的品质和精神，能够不断提高分析、解决问题的能力。同学们还要敢于大胆质疑、敢于提出问题、敢于挑战科学权威和极限，自主地探索未知。某种程度上来说，能够提出好的问题比解决难的问题更难、更重要、更有创新的价值。所以，希望同学们在成为未来的领跑者之前要有解决问题的能力，更要有提出问题的本领。

　　第二，要成为未来的领跑者，既需要有仰望天空的高远志向，还要经历脚踏实地的艰苦磨炼。"天将降大任于斯人也，必先苦其心志，劳其筋骨，饿其体肤，空乏其身"，这是大家都很熟悉的。在攀登科学高峰的学习训练中，同学们必定会受摔打，必定会有失败，必定会有挫折，必定会有磨难。同学们如果没有脚踏实地的坚强韧性，没有过人的勇气和执着的精神，没有百折不挠的意志品质，就不可能成为想做事、能做事、能做成事、能做成大事的尖峰人才。因此，同学们既要有仰望星空的高远志向，还要有脚踏实地的艰苦精神。

　　第三，要成为未来的领跑者，不仅要有着眼于长远的持久定力，还要有只争朝夕的激情冲力。我们经常说"冷板凳敢坐十年"是基础学科拔尖人才的一个基本素质。从战略上讲，科学人才，特别是基础学科人才的培养和成长是长周期、费工夫、急不得的事，但是从战术上讲，只有只争朝夕、奋力奔跑，才有可能成为登高望远的成功者、领跑者。今年（指2022年）5月，在西班牙召开了第三届世界高等教育大会。该次会议有全世界约200个国家和地区的教育负责人参加，会上发布了一个高等教育未来10年的路线图。会议的主题是"Beyond limits: New ways to reinvent higher education"，强调超越极限、重塑高等教育的新路径。因此，同学们如果要成为领跑者，必须突破自我极限、重塑自己，这是基础学科拔尖人才的一个共同的人格，或者叫集体的素养。

　　习近平总书记曾说："每一代人有每一代人的长征路，每一代人都要走好自己的长征路。"① 习近平总书记还勉励青年大学生要在青春的道路上奋力奔跑，跑出最好的成绩。

今天，我特别想对同学们说，希望你们这批具有优秀潜质的、有天赋的好苗子、好孩子能够跑出中国乃至全世界最好的成绩，让中国高等教育因为有你们而骄傲，让中国因为有你们而骄傲，让世界因为有你们而骄傲！

谢谢各位！

（录音整理稿，2022 年 7 月）

---

① 习近平.在纪念红军长征胜利80周年大会上的讲话[EB/OL].(2016-10-21)[2022-06-13].http://jhsjk.people.cn/article/28798445.

人物访谈

酷爱星辰，岂惧夜幕
——对话李向东教授

南京大学天文与空间科学学院

郭 艳

背景介绍：南京大学（简称南大）天文与空间科学学院（其前身天文学系创建于 1952 年）是我国高校中历史最悠久、培养人才最多的天文学院系。学院拥有目前国内唯一的"天文学"国家一级重点学科和"天体物理""天体测量与天

南京大学天文与空间科学学院

体力学"两个国家二级重点学科。天文学专业于 2017 年入选国家"双一流"建设学科名单。该专业 1993 年入选全国首批基础学科人才培养基地，2003—2010 年入选江苏省特色专业，2009 年以物理（天文）入选全国首批基础学科拔尖学生培养试验计划，2010 年入选江苏省重点专业，2015 年入选江苏高校品牌专业建设工程一期项目，2018 年在期末验收考核中结果为"优秀"并顺利进入二期项目，2019 年入选国家级一流本科专业建设点。

2019 年教育部公布的首批基础学科拔尖学生培养计划 2.0 基地名单中，南京大学天文学专业名列其中。不少学生和家长对南京大学天文学拔尖计划充满了好奇和憧憬。近日，南京大学天文与空间科学学院院长李向东教授接受了同学们的采访，就大家关心的问题进行了解答。

教育部长江学者特聘教授、南京大学天文与空间科学学院院长李向东教授

问：南京大学天文学拔尖计划 2.0 的培养目标定位是什么?

答： 南京大学天文学拔尖计划基地依托南京大学天文与空间科学学院的学科优势，着眼于满足国际天文学重大科学问题和国家重大战略需求，培养把个人价值与国家发展紧密相连、未来成长为天文学领域国际一流的、具有家国情怀的精英人才。

问：与拔尖计划 1.0 相比，拔尖计划 2.0 在培养理念上有什么变化?

答： 在培养理念上，基于拔尖计划 1.0 的经验，在拔尖计划 2.0 中，我们更加注重"质量提升"和"价值引领"两方面的努力和创新。

一方面，根据拔尖计划 2.0 的规划，我们不仅要瞄准中国最好，而且要瞄准世界最好，逐步成为世界领跑者，因此南京大学天文学拔尖计划 2.0 在前期的基础上，继续加强国际化培养氛围的营造，向国际一流天文学院所学习，将名师"请进来"和学生"走出去"相结合，在学术交流中注重接受国际一流大师的指导和熏陶，同时注重中国文化的传播。

另一方面，在拔尖计划 2.0 阶段，更加注重强化使命驱动，承载国家和民族的核心价值观，因此在培养的过程中以立德树人为核心，以全方位的专业育人措施引导学生将来服务国家重大需求、应对人类未来重大挑战、聚焦科学重大问题、参与国家重大科研项目，把自身价值的实现与国家发展紧密联系起来。

问：在拔尖计划 2.0 阶段，我们在教学方面有哪些优势？

答：学院坚持"以学生为本，以教师为要"的理念，为拔尖学生配备了一支力量雄厚的指导教师队伍，其中包括 2 名中国科学院院士、4 名长江学者和 9 名国家杰出青年科学基金获得者，实行全方位、全过程的导师制度，包括 4 年不间断的"分阶段导师"和"点面结合"的团组培养。

学院拥有国内最为齐全的天文学课程体系，为拔尖学生的未来发展提供了广阔空间。通过精心打造，课程质量在国内遥遥领先，其中有 5 门课程被评为国家级一流本科课程，2 门课程被评为南京大学"百层次"优质课程。为更好地促进科教融合，学院为拔尖学生开设了一批科教融合的探究型课程，采用启发式教学，将一流的科研融入课堂，展现科研工作的全过程。例如在天格计划的项目框架下，学院开设了"针对引力波电磁对应体的立方形开发和研究"课程，开展对小卫星探测器的研究，并将其应用到天文观测和研究中。

问：在课堂之外，有没有拔尖学生可参与的科教融合课程等学习活动？

答：从大二开始，学院为拔尖学生提供了形式丰富的科研训练机会，包括进入课题组进行早期科研训练、出国访学、参加暑期学校和学术交流等，把科研创新融入本科生成长的每个环节，使学生到了高年级阶段可以具备开阔的视野和较强的科研能力。

为了加强学生的自主学习与创新能力，学院还成立了天耀计划讨论班，在学院大楼内为拔尖学生开辟专属研讨区，并设置专用实验室为学生自主设计研究方案和实验计划服务。天耀计划实施校内外双导师制，在假期，学生可以根据课题进展情况，由学院提供合适的校外指导教师参与指导，构建更加广阔的师生共同体。

问：拔尖学生有什么样的国际交流平台？

答：与南大天文与空间科学学院开展合作的国外高水平大学和科研院所有 20 余所，其中包括美国的哈佛大学、加利福尼亚大学、麻省理工学院以及欧洲南方天文台、德国马普所等国际一流天文学研究机构。学院还设立了"哈佛—斯密松天体物理中心优秀本科生国际交流项目"，迄今已经实施 3 个批次，派出 6 位拔尖学生在哈佛大学完成本科毕业设计。在交流过程中，学院教师与学生也努力加强国外学者对中国文化和人才培养的了解。

问：学院是如何选拔拔尖计划 2.0 的学生的？规模多大？

答：目前学院的拔尖生每个年级约为 20 人，占天文学专业总人数的 55%~60%。

拔尖学生的选拔工作从中学就开始，并一直贯穿本科培养的全过程，采用多元多视角综合评价方式，实行动态进出机制。一是在中学生英才计划的基础上，建设了数门与天文学相关的线上大学先修课程，吸引并培育了一批对天文学有兴趣的后备人才。二是开学之后，面向全校本科新生，通过笔试和面试选拔在数理基础、科研兴趣、学习天赋、创新能力等方面表现出色或有潜质的学生。三是在培养的过程中进行动态评估，实施有适当竞争压力的滚动机制：以培养学生课程学习能力、科研潜能、成就动机以及社会责任感为基础，通过客观数据、导师评价、学工评价以及同学互评等多维度进行综合考量，将对专业有浓厚兴趣、科研潜力强、有社会责任感的学生纳入拔尖计划中。

科教融合课程"针对引力波电磁对应体的立方形开发和研究"课程讨论现场

问：您对将参加天文学拔尖计划 2.0 的学生有何建议？

答：拔尖计划的初衷不是拔苗助长，而是通过营造优良的环境为部分有潜力的学生提供更大、更好的发展舞台，让他们能够脱颖而出，帮助他们成长为本领域的栋梁之材。因此，拔尖计划特别注重学生在德、识、能方面的全面发展。能够进入拔尖计划的学生都是十分优秀的，除了要保持认真学习和刻苦钻研的习惯外，还要注意培养自己的好奇心和交流、沟通、协作的能力，因为天文学研究越来越依靠团队的力量。另外，学生也要做好承受失败的准备，如果有一天因为滚动机制暂时离开拔尖计划了，要摆正心态，仔细分析原因，以备来日再战。挫折往往是比成功更加宝贵的财富。

（2021 年 1 月）

朱邦芬院士和清华大学学堂计划叶企孙物理班

清华大学
吕 婷

近日，清华大学（简称清华）策划推出"清华新思"系列活动，邀请了部分清华的专家学者，围绕高等教育领域人才培养和教育教学的热点议题，进行了前瞻性、引领性的思考和讨论，形成了"清华新思·师说"系列文章，以期从问题出发迈向未来。

为此，我们邀请清华大学学堂计划叶企孙物理班（简称学堂物理班）首席教授朱邦芬院士总结梳理学堂计划及学堂物理班在拔尖创新人才培养方面的重要成果和宝贵经验，为深入实施拔尖计划2.0提供借鉴，以此作为"清华新思·师说"系列的首篇文章。

朱邦芬院士

一、看重学生的学习动力

问：学堂物理班遴选学生的机制是什么样的？

答：我们一般是在大一秋季学期中期（11月）通过面试招收学堂物理班预备生，一年后再通过面试遴选学生正式进入该班。我们认为，仅靠高考成绩很难区分学生对科学的喜爱程度、学习和研究的能力、知识储备。经过一段时间的大学生活后再来选拔，可以更加全面地考查学生。同时，我们设置了动态进出的机制，学生每年可以根据自己的兴趣和学习情况选择进入或退出学堂物理班。经过几次分流，留下来的学生都对物理学习比较执着。

问：您最看重学生哪些方面的特质？

答：首先在面试时，我比较看重学生的 motivation（动力）。比如，我们会提一些问题："你为什么要学物理学？为什么要加入学堂物理班？"我们从学生的回答中判断他是否有主动性，是否真的对物理有比较浓厚的兴趣。除了个人兴趣外，学生将来想做什么、对自己的期望是什么，也是比较重要的方面。

其次，要考查学生是否具有杰出人才具备的一些共性，如好奇心、想象力、批判性思维、自信心、韧性等。此外，还要考查学生的人品，因为成才要先成人。我们还会参考学生进入清华的第一学期的几门主要课程的学习成绩。如果学生曾经参加物理学科竞赛，那么竞赛成绩也是一个很重要的参考因素。还有一点是学生的心理素质。我们曾经请了清华心理学系的老师来帮我们设计测试题目，以判断学生的心理状况。

问：您认为什么样的人可以称得上拔尖创新人才？

答：我不太喜欢用"拔尖"这个词，因为它似乎有人为的"拔苗助长"和"尖子"的味道，我更喜欢用"杰出人才"这个词。我们不是拔出几个"尖子"来，而是创造一个良好的环境，让有潜质的学生"冒"出来。杰出人才有不同的层次，可以分为"成名、成家、威震天下"三个阶段（借用清华大学赵静安老师的提法）。"成名"代表这个人所做的某项研究工作在国际上有较高的知名度，得到了国内外同行的普遍认可；"成家"说明这个人的研究工作是系统的，在某个领域有一系列突出的研究成果，这个人成为国际上该领域的一位学术带头人；"威震天下"意味着这个人的研究在某个重要领域具有开创性，其他研究人员在跟着做。我们培养的杰出人才并不是也不可能个个都威震天下，而是一批人有卓越的研究成果，一批人成为大家，还有一批人在"金字塔"尖上，有获得诺贝尔奖、图灵奖等国际上最重要奖项的实力。我们的优秀科学家不应关起门来自吹自擂，而是要与全世界最优秀的科学家来比。这是我心目中基础科学研究杰出人才应该达到的层次。

二、杰出人才培养的关键：营造良好环境

问：您觉得要达到拔尖创新的水平，个人天赋和后天培养哪个更重要？

答： 我觉得两个都重要。天赋是基础，但并不是每个人经过培育都可以成为最杰出的创造型人才。像爱因斯坦、杨振宁等伟大科学家，必须承认他们是天才，但是中国有天赋的人很多，为什么能够"冒"出来的人很少？我认为后天的培育在某种意义上更重要。首先要把好种子找出来，其次要给他们创造一个良好的环境，促使他们不拘一格地茁壮成长，假以时日，再加上一些机遇，会有一批杰出的科学家脱颖而出。

我不喜欢用"培养"，而更喜欢用"培育"一词。好比种庄稼，选好种子后，找一块肥沃的土地，提供充足的水、阳光、空气、肥料，然后让其比较自由地成长。"培育"较"培养"，教师的作用相对弱化一些，更强调学生的自主性。清华物理系和学堂物理班这些年来形成的一个基本理念是，杰出人才并不是老师在课堂上教出来的，学校和教师的职责是要营造一个好的环境，让有天赋的学生在这个环境中自主学习和研究，从而更容易"冒"出来。

问：一个好的培育环境有哪些必备要素？

答： 我把一个广义的好的"环境"归结为 6 个要素。

一是优秀学生荟萃。一批优秀的学生聚集在一起，他们之间的相互作用和激励，能产生和淬炼出使他们终身受益的智慧、理想、学风和人格。当年，杨振宁、黄昆、张守廉在西南联大求学时，整天在一起讨论问题，这段经历对他们的一生都起了很重要的作用。杨振宁先生说："根据我读书和教书得到的经验，与同学讨论是深入学习的极好机会。多半同学都认为，从讨论中得到的比从老师那里学到的知识还要多，因为与同学辩论可以不断追问，深度不一样。"

二是有优良的学风和学术氛围，形成大家都热爱科学、追求真理、积极向上的学术环境。如果周围同学热衷于攀比学分，斤斤计较一分两分，甚至不择手段去拿高分，这种环境下出不了世界一流的大师。

三是有良师，特别是全身心投入学生教育的良师。有的老师很有学问，研究

做得很好，但是与学生接触很少，这还不是理想的导师，因为除知识外，学生还要从老师那里学到许多无形的东西。学生从导师那里获得的东西中，最重要的是"思维风格"，而不是知识或技能。我们需要有一批既学问好、又肯对学生成长下功夫的好老师。

四是学生拥有自主学习和研究的空间。中国一流大学的教学质量比较扎实，学生能学到很多基础知识；但缺点是学生上课时间偏多，总是跟着老师学知识，没有自己主动学习和思考的空间。他们仅仅是好学生，而不是思考者。在大学，学生必须要有学习和研究的主动性：自己去提出问题、解决问题。

五是学生有国际视野，不要做井底之蛙。学生不能只局限于自己的学校、国内高校，而是要看到国际上最优秀的一批同龄人在做什么、在想什么。

六是要有比较好的软件和硬件环境。我们一直在努力营造一个好"环境"。优秀的学生在这样的环境中，虽然每个人天赋不一样，个人选择有差异，但一定会有很多人脱颖而出，"成名、成家，甚至威震天下"。

问：为拓展学生的自由空间，学堂物理班有哪些举措？

答：我们的学生从小到大都是在上课、做作业，很少自己提出问题或做成一件自己想做的事。学生的自主空间是我们跟国外一流大学差距最大的一点。在目前的大环境下，学堂物理班要给学生增加自主空间并不容易，只能做一点小的修正。

首先，我们经常总结并宣传叶企孙先生的教育思想，其中很重要的一点是"只传授学生基本知识"。其次，清华大学学堂计划启动时，校领导就授权，经过首席教授批准，学堂物理班的学生可以免修必修课或以选修其他课程代替。我们一再强调学堂物理班因材施教的理念：越优秀的学生，给予越多的自主空间，让他们充分发挥自己的主动性。再次，为了让学生主动学习和研究，我们坚持并发展了物理基础科学班实行多年的"科研实践（Seminar）课"，让学生在研究中去自学，去想研究中遇到的问题。最后，在课余时间，我们鼓励学生自己组织一些学术活动。学堂物理班有个传统活动叫"叶企孙学术沙龙"，是完全由学生设计、主导的一个学术交流活动。学生自己组织讨论最近学术上一些比较重要的问题，或者组织一起学习某本重要的专业书。每个年级都有 2 个召集人，有兴趣的学生自愿参加，一般每学期有 10 个左右学生自发组织沙龙活动。

校领导最近多次明确指出，清华本科生必修学分偏多、负担偏重是必须要解决的问题。我相信学堂物理班学生的自主空间会更加广阔。

三、适合中国国情的培养模式

问：您有没有关注国外大学具有代表性的拔尖创新人才培养模式？

答：一些发达国家的精英教育和我们的最大区别在于：他们的高校录取学生的自主权比较大，学生选拔不局限于一个标准；教学也不是"一刀切"，而是为一些有潜质的学生提供了广阔的成长空间。我个人比较欣赏法国的顶尖大学，如巴黎高等师范学院、巴黎综合理工学院等的录取方式。他们实行精英教育，采取"少而精"的培养模式。高中生进入大学预科学习2年以后，他们从中选择少量极其优秀、有潜力的学生正式录取。再比如美国加州理工学院也采用"少而精"的精英教育模式。但这种模式似乎不太适合我国国情。

问：我们采取"学堂班"这种培养模式，与国外大学很不一样，有哪些具体的考量？

答：2010年，国际评估专家组在对清华物理系做第二次评估时，质疑设立学堂物理班的必要性："清华物理系的本科生是千中挑一招来的，绝大多数为"拔尖"的学生，从他们之中再甄选顶尖的学生，是大可不必的。顶尖的学生不论在什么环境下，最后都会显现出来的，而揠苗助长往往会起到反效果，使同班学生两极化，不利于培养人才。"当时我是系主任，我不太赞同国际评估专家的这个意见。确实，我们的模式在国际上很少见，但就中国现状来讲，特别是在清华，有其必要性。

为什么？因为中国国情跟美国不一样。美国选择学物理的学生很多是真的出于自己的兴趣并经过自己的思考。而中国很多学生在上大学前，并不了解大学及专业，不清楚自己喜欢什么，没有很好地思考自己将来要做什么，许多人的报考志愿是由教师和家长选择的。到了清华以后，吸引学生的东西很多，许多学生对于到底要不要学习物理是游移不定的。再加上受社会大环境的影响，一些学生考虑比较多的是将来的就业、收入、生活的安逸程度。为此，一些物理系学生选择离开物理领域。这也无可厚非，然而这会影响一部分真心喜欢物理的学生，对他们的成长特别不利。我们设立学堂班，主要是想创造一个局部的小环境。这个小环境对学物理的学生比较友善，老师对他们的关注度能稍高一些，志同道合的学生聚在一起互相鼓励，不那么急功近利。长远来看，这对我们国家的发展是有好处的。如果绝大多数清华、北大物理系的学生将来不从事物理研究，那么对我们国家何尝不是一种损失？

问：这也涉及为谁培养人才的问题，让学生不仅自己成才，还要有更高的目标，是这样吗？

答：是的。这几年我们加强了使命感教育。学生不仅是为个人的兴趣而学习，还要为国家的强盛、民族的复兴、全国人民的福祉而学习，以及为世界人民更加美好的未来而学习。肩负这样的使命，我想应该能激发学生的学习动力，促使他们坚持下去。我们先后几次组织学生到西南联大旧址参观，看看我们的老前辈们在异常困难的抗战时期是如何肩负使命、追求卓越的。

四、科研训练从本科阶段开始

问：一般认为，研究生阶段才是学生正式开始科研工作的时期，但学堂班鼓励学生从本科开始就比较深入地接触科研，这对他们的挑战是不是太大了？

答：这有挑战性，然而清华优秀的学生完全可以面对这种挑战，而且这种训练对于杰出人才的成长非常重要。清华物理系一直有这样的传统——积极鼓励学生在本科期间参加科研活动。清华物理系创始人叶企孙先生在1927年就提出"学生要个个有自动研究的能力"，这样培养出来的学生普遍有比较强的研究创新能力。清华物理系1929—1952年毕业的本科生中有这么多的杰出人才，绝不是偶然的。1998年设立的"基础科学班"的培养宗旨强调让学生较早参加科研实践训练，从大三开始，连续3个学期开设Seminar，聘请富有研究经验的教授、院士担任导师，提出研究题目。学生可根据自己的兴趣和意愿，选择导师和研究题目，进入导师的课题组进行科研实践训练。Seminar从此列入教学培养计划，成为制度。

学堂物理班继承和发扬了Seminar的传统，参加的学生从大一到大三都有（我们一般不鼓励学生大一大二时就参加）。他们可以根据自己的兴趣选一位导师，导师的选择不限于清华物理系，可以从全清华、全北京选择，甚至是外地的都可以。学生到导师的研究组进行科研训练，中途也可以换导师、换研究方向。

问：让学生进行科研训练的目的是什么？

答：本科阶段的科研训练不是为了发论文、出成果。其第一个主要目的是使学生通过科研训练学会一种新的学习方式。我们传统的教学模式都是老师教、学生学；但在科研中，很多东西完全没有碰到过，这就倒逼着学生自己去学，去翻书查文献，去请教懂的人，去与人探讨。如果把一个问题弄懂了，学生就继续往前；随后又遇到新问题，又开始新的学习过程……这样，学生从一个点到一个点，点多了就连成线，线多了再形成面。通过这种学习方式，学生虽然没有上过某个领域的课，但经日积月累，完全可以掌握某一领域的知识。杨振宁先生将这种学习方式称作"渗透式学习"，这是一个人离开学校以后继续学习的最主要的方式。

第二个主要目的是让学生初步了解科研是怎么回事，知道科研是怎样做的、怎样提出问题、怎样想办法一步一步克服困难、出了点结果怎样总结。通过这样的过程，让学生尝到一点科研的"滋味"，一些学生还能享受科研的乐趣。

第三个主要目的是帮助学生发现自己喜欢的研究领域。学生如果不喜欢某个研究方向，可以通过换导师来变换研究方向，有助于发现自己感兴趣的领域。如果尝试了几个领域都不感兴趣，那也没关系，至少了解了这几个领域，对未来科研方向的选择多了些思考。其实，一个人选择的研究领域对于他将来的成就有决定性的影响，而中国学生在这方面的思考往往是不充分、不成熟的，选择和把握机会的能力也比较差。

五、成效初显，未来可期

问：学堂物理班开班已有 10 余年，毕业的学生都去哪里了？

答：学堂物理班的学生本科毕业后全部攻读研究生，其中继续研究物理的占 87%，其余的也在与物理相关的领域读研，如电子工程等。出国读研的约占 55%，国内读研的占 45%。第一届"8 字班"，即 2008 年入学、2012 年毕业的学生，本科毕业后全部在世界一流大学读研究生，多数学生现在在做博士后，已有几位成为一流大学的教职工，几乎没有离开学术界的。如廉骉在美国普林斯顿大学物理系任助理教授，并获得美国斯隆奖。多位学生在博士和博士后阶段已取得世界一流的成果，可以预见他们的未来有着很好的前景。

问：如何评价学堂计划人才培养的效果？

答：中国有句古话叫"十年树木，百年树人"，因此，现在评估这个项目的成效还太早，第一批学生毕业也才 8 年，需要更长的时间才能看得清楚一些。陈希同志是当年清华大学学堂计划的大力倡导者，他特别强调，培养人才不能像做饭，时不时地揭开锅盖看熟了没有，早期不要做很多评估。我个人认为至少要到 15 年以后，再看看这个计划是否成功。

但是，也不能完全不要短期评估，总归要评估一下发展的方向和势头是否正确。我觉得一是可以看看这批学生离开学校之后，还有多少留在学术界。如果留下来的只是小部分，那就说明这个计划有问题。二是看这些学生在研究生阶段做了哪些科研工作，其中达到世界一流水准的研究有多少。更重要的是，看这些学生成为独立研究者后，做出的世界一流的研究工作有哪些。从本科到博士，到做一两期博士后，再到成为 PI（主要研究者，Principal Investigator），至少需要 15 年，一般需要 20 年才能出成果。届时再看这些人的发展情况，才能比较准确地评估这个项目。

问：在拔尖创新人才培养方面，学堂物理班计划在哪些方向发力？

答：第一是加强通识教育，使学生具有跨学科的知识结构、批判性的思维能力、健全人格的价值养成。我们有些学生知识结构偏得很厉害，有些学生知识面较广、文理兼备，但批判性思维能力和为人处世方面还有所欠缺，因此加强通识教育是极其必要的。第二是加强使命感教育。物理学是高科技的基础，学物理不应仅是个人爱好，还应肩负国家和人民的期望，为国家、为人民去攀登世界科学高峰。第三，老师应该根据每位学生的情况，通过与学生更加密切的交流，引领他们找到更合适的发展道路，让他们更好地成长，将来做出尽可能大的贡献。

（2021 年 4 月）

重拾《蛙鸣》，华罗庚数学拔尖学生培养基地再出发

中国科学技术大学

孙汇博、杨轶文、陈恒宇、邵　锋、姚一晨、郑伟豪、吴　迪

人物简介：鄂维南，中国科学技术大学校友，中国科学院院士，美国普林斯顿大学教授，北京大数据研究院首任院长，中国科学技术大学大数据学院首任院长。鄂维南院士主要从事计算数学、应用数学及其在力学、化学、工程等领域的应用等的研究。

胡森，中国科学技术大学校友，中国科学技术大学校友教授，博士毕业于美国普林斯顿大学。胡森教授长期从事量子场论与弦论方面的研究工作，在弦论与场论的对偶、带通量的真空态与广义 Calabi-Yau 流形、时空截断的代数结构、Chern-Simons 量子场论的构造、BV 量子化与 Feynman 几何、Schwarzschild-de Sitter 度量、几何宇宙学常数、结构稳定系统的刻画等方面做出了许多原创性的工作。

一、《蛙鸣》的历程

1981 年 6 月 20 日，通过同学们的自写、自编、自刻、自印，一本属于中国科学技术大学（简称中国科大）数学科学学院同学们自办的杂志诞生了，同学们亲切地称它为《蛙鸣》[①]。它用稚嫩而勇敢的声音，不知疲倦地唱着歌儿。那是同

[①] 《蛙鸣》是中国科大数学科学学院学生自办的数学杂志，首期由 1978 级数学系的同学们自写、自编、自刻、自印。40 年来，《蛙鸣》一直是一个完全由学生主导，共同探讨、自由交流数学的开放性平台。

学们的读书体悟、对定理或是习题的思考、对科学的理解。遗憾的是,《蛙鸣》在发行了 63 期后,由于种种原因,于 10 多年前停刊。以拔尖计划 2.0 为契机,我们于 2020 年末重办《蛙鸣》,并于 2021 年 6 月发行了第 64 期[①]。我们期待和它一起见证新一代中国科大人的成长。

当年《蛙鸣》的编委如今已成长为他们所在领域的中坚力量,这让我们备感鼓舞。40 多年前,鄂维南老师、胡森老师和他们的同学一起创办了《蛙鸣》。今天,就让我们聊聊《蛙鸣》,重温过往的时光,听听老师们对数学、对教育的看法,立足当下,展望未来。

二、讨论的氛围

40 多年前,在数学系平日上课的一间小教室里,"蛙鸣"这个名字诞生了。

鄂维南老师说:"我们是一群小青蛙。当初我们办《蛙鸣》,是为了活跃学术气氛,通过它,大家可以增加学术方面的交流,分享一些自己学习过程中的感想。学术应是百花齐放,百家争鸣,不仅仅是绩点和上课,同学之间应该有各种各样的讨论。"

物理的、哲学的、经管的……最早的几期《蛙鸣》有着各种各样的话题。胡森老师说:"我们(19)78 级学生的思想比较活跃,一开始我们办了几期,你甚至看不出来是搞数学的同学办的。"胡森老师一直对哲学比较感兴趣,在课余花了很多时间读哲学书。"现在成立书院,强调通识教育。我们当时干的就是通识教育,自己感兴趣,就去学这些东西。后来发现这和美国常春藤联盟学校的想法不谋而合,他们核心课程里面要讲的东西就是我们自己看的东西。"

"我们(19)78 级的同学在那时候还办过一个青年自然学会,大家一起讨论科学方面的事情。"鄂维南老师回忆起学生时代,"我们组织过各种各样的学术讨论班,还翻译了杜卡莫(Manfredo P. do Carmo)的微分几何书。我们做了很多这种事情。我个人觉得像《蛙鸣》、青年自然学会对我的影响是非常大的。尽管那时候我们都比较稚嫩,但是这个过程对我个人价值观的树立有很大的帮助。"

"在大学时代,最重要的就是建立你人生的价值观,你这一辈子想干什么。绩点固然重要,但如果学生把功夫都花在绩点上,那么这显然不是一个成功的教

---

① 可查看 http://staff.ustc.educn/~mathsu01/pu/waming.html。

育模式。还有关于学问的价值观，如什么样的学问是一个好学问，也是一个非常重要的价值观问题。希望你们通过续办《蛙鸣》也好，其他也好，帮助大家建立正确的学问价值观、人生价值观。"

鄂维南老师

三、打开视野和思路

聊起《蛙鸣》里应该有怎样的文章，可以给同学们提供怎样的话题，胡森老师说："像我们创刊时，大家会写一些理解我们所学课程的文章。我的同学王翎写了一篇文章讲实变函数是干什么的。他认为实变函数的核心就是完备性，黎曼（Riemann）积分怎样完备化、测度怎么做。其实我们当时没理解得那么深，后来才明白。如如何把一件事情看得更透彻、更清楚，这些都可以写。"

胡老师进一步提到："我们还可以思考一下同学们应该学哪些东西、哪些东西对同学们来说是基本的、同学们对哪些东西有兴趣。学这些都是为了将来有能力解决问题，所以我们要了解现代数学的发展、主干是什么、主流是什么。"胡老师说，近年来，从中国科大走出了一批出色的青年数学工作者，如陈杲、孙崧、李思等，可以请他们讲讲学习体会，介绍学科的最新进展。

青年自然学会

"另外,我们需要学习这个学科的发展趋势是什么、大家在关注什么问题、这些年有哪些重要的工作。这些都是可以去学、可以去了解的,而且这个过程很有意思。亚历山大·格罗滕迪克(Alexander Grothendieck)在代数几何领域、丘成桐先生在几何分析领域、我的导师威廉·瑟斯顿(Wiliam Thurston)在几何拓扑领域、爱德华·威滕(Edward Witten)在弦论和量子场论领域等,都是他们以自己的工作改变了数学的发展。而你们要继续去创新。"

"同时,数学家本身注重的也是思维的培养。很多大数学家的兴趣非常广泛。大数学家赫尔曼·外尔(Hermann Weyl)也是一个大物理学家。他对物理的很多发展方向都非常关注,也很了解。数学整体的发展是和其他领域联系在一起的,你必须要思考数学是怎么发展的。你有哪些最基本的问题?在最基本的问题上你解决了什么,有什么样的困难?"

"但是,现在我们在数学学科学生培养时较注重概念,比较形式化。数学中的定义是为了简化现象,通过一些概念来综合很多事情,而不是单纯地为了定义而定义。若过于形式化,碰到实际问题时会找不到门路,一筹莫展。我们要改变思路,不能被形式化圈住。有了活跃的数学思维,大家学东西也会感觉更加有意思。"这也打开了我们关于《蛙鸣》的思路。探索、发现、追寻——原来在这里我们每个人可以创造无限的可能啊!

四、连接数学与应用

从头开始做一件事情,困难在所难免,但我们不会气馁。

第 64 期《蛙鸣》征稿的时候,基础数学方向的同学投稿更踊跃一些,而应用数学、计算、统计方面的投稿却比较少。

鄂维南老师说:"原因就是应用数学、计算、统计不像基础数学那么成熟。对学生来讲,写文章就更困难了,能写出自己的感想、新的体会的确不容易。"

胡森老师(中)与现《蛙鸣》编辑部的同学们

(2021 年 7 月)

未来科学大奖得主张杰院士的十年致远筑梦之路[1]

上海交通大学
沈悦青、孙殷彤、夏伟梁

2021年9月12日，2021年度未来科学大奖揭晓，其中的物质科学奖授予上海交通大学（简称上海交大）、中国科学院物理研究所张杰院士，以奖励他关于通过调控激光与物质相互作用产生精确可控的超短脉冲快电子束，并将其应用于实现超高时空分辨高能电子衍射成像和激光核聚变的快点火的研究。

张杰院士在激光核聚变物理高级研讨课授课

---

[1] 未来科学大奖设立于2016年，是由科学家、企业家群体共同发起的科学奖项。评审体系主要参考诺贝尔奖、图灵奖等国际著名奖项，采取提名邀约制和国际同行评议制。候选人由未来科学大奖科学委员会邀请的提名人提名产生，最终的获奖者名单由科学委员会参考国际同行评议信不记名投票确定。目前设置生命科学奖、物质科学奖、数学与计算机科学奖三大奖项。

一、致远逐梦　得天下英才而教育之

致远学院是张杰院士在就任上海交大校长之初开创的专门培养创新型拔尖人才的实验"特区"。当时的上海交大各方面的条件一般，尤其在基础学科领域比较薄弱。为了能够从根本上改变上海交大的这种局面，更加有效地为人才培养创造条件，自2007年开始，张杰就与王维克教授等上海交大的同事们一起遍访国内外高校，寻觅志同道合的同行。"2008年7月，我与普林斯顿大学的鄂维南教授、纽约大学的蔡申瓯教授、马里兰大学的季向东教授和威斯康星大学的金石教授等一起，多次在上海交大校园彻夜畅谈的场景至今还历历在目。在多次沟通交流中，我们达成了一个美好而远大的愿景：我们一起努力，在上海交大创建一个创新型拔尖人才培养的实验'特区'，汇聚最有创新思维的世界名师，吸引最有创新潜质的天下英才，让他们的思想在这个'特区'中相互碰撞、相互激励，为中国培养充满创新智慧的学术大师和各行各业的领袖人才。"这就是在上海交大人中口口相传的"致远之梦"的由来。

培养"一等人才"是上海交大传承百年的前沿探索和孜孜以求的奋斗目标。早在1901年南洋公学办学初期，学校便成立了"特班"，由蔡元培担任总教习，培养兼容中西学、能经世致用的杰出人才。后来，从南洋公学"特班"走出了黄炎培、邵力子、李叔同、邹韬奋、蔡锷等一批中国历史上的著名人物。1985年，上海交大为了给改革开放初期的中国培养高质量人才，打破常规，开办"试点班"。"试点班"是"特班"的延续，也是致远学院的前身。"试点班"在过去的三十余年同样培养出了叶军、沈南鹏等一批杰出人才。"致远之梦"很快在校长办公会上形成了高度共识，学校各部门立即以最快的速度响应，组建了特殊的人才培养管理体系。2008年底，"上海交大理科班"项目正式启动；2010年1月，在理科班步入正轨的基础上，上海交大正式成立了"致远学院"，并由张杰校长兼任创院院长。"致远"二字来源于上海交大1947届学长江泽民同志于2006年为母校题的词"思源致远"，既有上海交大校训"饮水思源"的精神内核，又有"宁静致远"的志向。从此，"致远"从几个人的梦想变成了全体致远人共同追逐的"致远梦"。

二、十载筑梦　致远模式 1.0 初见成效

虽然致远十多载筑梦之路历经艰辛，但是致远人所有的付出都在致远人才培养模式的初见成效和拔尖创新人才的茁壮成长中得到了最好的报答。2013 年 9 月，张杰院士代表致远学院在教育部拔尖计划阶段性总结评审会上作汇报，致远教学改革和实践获得与会专家的高度赞扬；2014 年 7 月，在致远学院第二任院长、上海交大副校长徐学敏教授的全力推动下，上海交大对全体本科生实施荣誉计划培养体系；2014 年 9 月，凝聚全体致远人激情与梦想的"'致远'模式的探索与实践"课题荣获国家级教学成果奖一等奖；2016 年初，致远学院成立"致远创新研究中心"，由邵志峰教授领衔，设计并推动了以"致远未来学者计划"为代表的一系列促进师生互动和原始创新的本科生科研实践活动；2016 年 12 月，致远学院"好奇心驱动的主动性学习"模式获 2 项全球教育创新奖；2018 年底，在教育部拔尖计划十周年考评中，致远学院再次取得了全优的成绩；2020 年，致远学院举办建院十周年纪念系列活动，致远书院正式奠基，上海交大的拔尖创新人才培养改革进入新的阶段。

"致远模式"注重学科之间的整合、教学与科研的整合、科学与人文的整合，并采取了一系列激发学生好奇心的创新举措，其中包括：开设由名师主讲的导论课，扩展学生视野和发掘学生内在兴趣；通过贯穿四年的各种小班研讨课，培养学生提出问题和沟通交流的能力；通过鼓励本科生参与前沿科研训练，激发学生创新潜质；等等。这些举措极大地提升了学生探究未知的好奇心和内在动力。例如，致远一期的谈安迪同学在加入致远学院之前甚至想过要放弃学物理，是致远学院特殊的育人模式极大地激发了他对探究暗物质的好奇心；博士阶段，他"享受着"每年三百多天在两千多米深的地下实验室探寻暗物质的乐趣；目前，他正在美国普林斯顿大学从事博士后研究。致远四期的殷佳祺为了追随自己内心的梦想，在大三结束时选择重读一年，以便从生命科学方向转到数学方向，最终以优异成绩毕业，并进入生物统计方向世界排名最靠前的华盛顿大学攻读博士学位；目前，他正在微软公司从事数据与应用相关研究工作。这样的案例不胜枚举。

令人欣慰的是，从致远学院走出去的毕业生中有 98% 选择继续深造，77% 直接攻读博士学位。随着近年来我国教育综合实力的不断增强，越来越多的毕业生选择留在国内继续深造。致远一、二、三期的大部分毕业生取得了博士学位。

其中，许志钦、邰骋、马征、罗涛、张耀宇、毛晓军、杨笛一、鲁海昊等26位校友在世界一流大学担任教职，在国际学术舞台上崭露头角；还有一批毕业生取得博士学位后选择做大数据时代的弄潮儿，他们的研究成果已经在不同领域受到关注。致远学院创立者们当年的梦想正在逐步被实现。

三、面向未来　建设新时代致远书院

张杰院士认为，研究型大学教育的本质不仅仅在于向学生传授知识和告诉学生思考什么，更重要的是帮助学生建立正确的思维方式。而思维方式的差异恰恰就是美国顶尖大学前10%的拔尖学生和中国大学大部分大三、大四学生的差别所在。事实上，中国一流大学学生入学时的水平和美国顶尖大学学生是差不多的，中国优秀学生的比例甚至比美国顶尖大学还要高，但是思维方式培养的不同造成了中国学生在毕业时和美国顶尖学生之间的差距。那么，中国大学教育和美国顶尖大学教育的区别究竟在哪里？最根本的区别在于，中国大学课堂上的老师大多是将推导公式作为教学的主要内容，把过去知识的研究过程展示给学生。这对大多数学生是有帮助的，但还没有达到最高标准。最高标准应当是将大量知识吸收的工作交给学生自己去做，这样才能在课堂上用更多的时间引导学生建立正确的思维方式，才能让学生在课后用大量时间来锻炼思维方式。而目前我国拔尖人才培养面临的一个通病就是，让一批有潜力的尖子学生面对比普通学生更加繁重的学业，让他们在本科低年级几乎没有自己思考的时间，而针对学生思维能力的训练就更少了。因此，帮学生建立正确的思维方式，是上海交大致远学院以及全国拔尖人才培养基地应当承担的最根本任务，只有这样，我们国家才能有足够的创新人才不断推进创新型国家建设，实现中华民族的伟大复兴，并为世界进步做出贡献。这需要对过去的教学理念、教学方法、培养模式等进行根本性的变革。

张杰院士说，上海交大致远学院过去10多年解决了拔尖人才培养的第一个问题：找到了一群极具创新思维的教师和一群极具创新潜力的学生，让他们聚集在一起思维碰撞，互相激发创造力，从而培养学生的创新能力。那么，面向未来，致远学院要解决的是拔尖人才培养的第二个问题，即如何让学生，尤其是拔尖学生建立正确的思维方式。我们希望，通过建设致远书院，按照未来科学技术发展的趋势，从根本上重构通识教育系统，加强学术讨论与正确思维方式的培养,帮助学生建立面向未来、系统清晰的思维范式,从而在致远书院率先实践未来上海交大人才培养的模板。同时,为中国高等教育培养拔尖创新型人才探索道路。

要培养学生正确的思维方式,需要按照物质科学、数据科学、生命科学、人文科学4个板块重新构建通识教育知识体系,以适应新一轮科技革命和产业革命深入发展、学科交叉融合不断深入、科学研究范式深刻变革的未来。致远书院承载了培养拔尖学生正确的思维方式的使命,也是实施新型通识教育的场所。通过建设致远书院,为学生创造宽松的学术交流氛围,为他们提供面向未来的通识教育。

此外,还需要一大批愿意投入、勇于尝试的书院导师,创设能够培养学生思维方式的通识课程。自2020—2021学年春季学期开始,张杰院士为致远学院物理方向大三本科生开设了一门高级研修课。这门课程通过对某一物理领域相关问题的深度研讨,逐步帮助学生培养正确的思维方法(物理学的近似和抽象+数学的逻辑和演绎),实现从被动到主动、从学习到研究的转变。课程由张杰院士主讲,邀请了不少领域顶尖的科研人员参与研讨,组成豪华的导师助教团,并由国际知名物理学家、泰勒奖章获得者斯特凡·阿采尼(Stefano Atzeni)教授担任教学顾问。课程分为4个阶段:第一阶段为"导论",主要构建核心物理概念;第二阶段为"导读",主要通过核心论文导读的方式,介绍激光聚变物理的基本过程;第三阶段为"专题讨论",主要对激光聚变物理的多个前沿研究专题进行深入研讨,并选择10多个前沿问题进行深入研究;第四阶段为"学术报告",由学生对10多个前沿问题的研究结果进行总结,并作学术报告。随着4个阶段的演进,教师在讲台上的授课时间占比大量减少,而学生主动思考、主动探索的时间占比大量增加;同时,学生完成了从被动学习到主动探究的转变。从第一期选课学生的反馈来看,经过研修课的学习,他们发现问题的能力、物理研究的使命感和责任感都大有提升。

目前,致远书院的实体建筑正在建造中,书院的内涵文化也在优化完善中。张杰院士期望,致远书院将承载致远育人的梦想,不断探索培养拔尖创新人才的新路径。

(2021年10月)

中文学科拔尖学生国际化培养的探索与建议

——复旦大学中文系中青年教师六人谈

复旦大学

段怀清

龚自珍当初一句"不拘一格降人才"的呐喊，在几十年后的维新派思想家王韬那里得到了回应：后者用"三千年后数人才，未知变局由此开"这一诗句，表达了自己在历史大变局中所持的全新人才观，以及对中文人才培养模式转变的敏锐洞察和超前预判。在这一大变局的序幕徐徐拉开之际，王韬不仅预言了这一大变局的到来，而且积极地参与了这一大变局，直至成为影响并推动这一变局朝着某种预期方向发展的历史风云人物。具体而言，王韬不仅是晚清"西学东渐"的积极参与者，而且积极与牛津大学首任中文教授理雅各合作翻译"中国经典"。也就是说，在"把西学引进来"和"把中学送出去"两个维度上，王韬都有切实的工作与历史性的贡献。而他

复旦大学中文系教授、教学副系主任
段怀清

也在此过程中，逐渐从一个奉"诗文传统"为正宗的传统文士，转变成为一个在具体的历史与现实之中不断地丰富和发展自己的近代知识分子。而在王韬陈述上述预判的三四十年之后，复旦大学（简称复旦）中文系首任系主任邵力子先生提

出了"以现代眼光,研究历代文学;以世界眼光,创造中国文学"的学术主张和教育理念。这一主张和理念迄今仍是复旦大学中文系教育培养和学术发展的重要思想资源之一。

作为国内外培养中文人才的"重镇",如何在全球化语境下,结合新文科教改以及基础学科拔尖计划建设,充分认识时代、社会对中文人才的更新、更高要求,培养怀抱高远理想、具备国际视野、传承中国人文学术、创辟当代学术文化新环境的新型中文人才,复旦大学中文系一方面秉承先贤的理想和志愿,另一方面在脚踏实地地开展积极实践和持续探索。

围绕"中文学科拔尖学生国际化培养"这一命题,中文系搭建了"拔尖学生国际教育与培养"工作平台,邀请本系6位具有国内及国外双重教育背景的中青年教师担任该平台辅导导师,对本科生、研究生进行有针对性的学业进阶和专业发展咨询辅导。此外,中文系还组织了"中文学科拔尖学生国际教育培养"笔谈会,教师们也提出了自己的意见和建议,其中一些建议已经或即将被纳入中文系拔尖学生国际化培养的总体规划与实践架构之中。

鉴于这些意见与建议的启发性及建设性,复旦大学中文系特邀系外事秘书李线宜博士将每位教师的意见和建议汇编成文,并期望通过《拔尖通讯》这一平台,与国内外中文学科的各位同仁分享,以推动中文学科的教学改革讨论,促进学科的继续发展进步。谨此说明。

中国现当代文学学科:创造国际化的学科总体氛围

康 凌[①]

中国现当代文学学科所涵盖的研究对象,不论是作家、文本还是文学文化现象,常常是在跨国跨文化的冲突、碰撞、交流、译介过程中出现的。在某种程度上,离开了跨国跨文化的历史实践,中国"现代"文学本身也就无从谈起。也就是说,国际化的视野和经验不仅构成中国现当代文学学科的教学与研究的重要背景参照,而且是这一学科的起源及发展过程之中的核心部分。这一点构成了国际化要素在中国现当代文学学科学生培养过程中独特的重要性和必要性。

---

① 康凌:复旦大学中文系青年副研究员,美国圣路易斯华盛顿大学中国文学与比较文学博士。

康凌老师

在实践上,学生的国际化培养可以分为校内学习与境外学习两个部分。

首先,在校内学习过程中,促进形成一种国际化的学科总体氛围,将跨国跨文化的教学材料、学术手段渗透到学生的日常学习乃至生活中。

(1)加大外文图书资料的购买力度和速度(尤其是速度)。(按照目前的经验,学生或教师购买外文图书通常需要半年乃至一年以上的时间,这基本上使教师在备课时加入新出的外文材料几无可能。)

(2)在课程教学中,除了全外文课程外,鼓励教师根据课程自身内容,加入外文阅读材料或课程作业,鼓励学生选择具有外文教学内容的课程。(此处的"鼓励",指的是在学分赋值上、在教学酬劳上的切实、显著的提高。另可以考虑结合荣誉课程设置。)

(3)由于本学科师资有限,建议建立机制、提供平台,使得部分具有海外交流或留学经验的高年级博士和在站博士后能够以单独或联合的方式开设课程或工作坊,并要求在他们的课程与工作坊中加入外文内容。

(4)提高留学生招生门槛,鼓励高水平的、来自海外的留学生,尤其是研究生参与日常的教学工作(比如参与助教工作),使得本科生在日常学习中有与海外学生学术交流的机会。(是否可以考虑尝试除常规助教之外,另配一位留学生助教?)

(5)适当简化海外学者来访或作线上讲座的审批流程。

其次,在境外学习过程中,建构一套推荐、鼓励、帮助学生海外交流或留学的长期机制,不仅要将学生送出去,而且要力所能及地提供资源,使得学生在境外交流或留学期间也能获得一定的帮助。

(1)进一步激活现有的本科生交换平台,鼓励更多本科生出境交流。(此处的"鼓励",包括提供一定比例的奖学金。)

(2)及时了解本科生的留学意愿,动员有海外留学经验的教师、博士后给本科生提供资讯、文书帮助等。

(3)了解当下中文系在海外留学的学生状况,建立沟通平台,动员目前在海外留学的学生给今后去海外留学的学生提供建议和帮助。

语言学与应用语言学学科：开设期刊论文精读课，鼓励学生撰写英文论文

钱昱夫 [①]

国际化是世界趋势，也是学术交流的重要渠道。当然，国际化的程度和可行性也有学科差异。以下我将围绕语言学领域，讨论复旦大学中国语言文学系本科生国际化培养的必要性、重要性和具体实践方法。

首先，我们要知道，语言学的范围非常广，包括传统的方言学和汉语的历史演变以及以实验为主的语音学、心理语言学、神经语言学等。若学生对以实验手段研究大脑加工语言的机制有兴趣，则本科生的国际化培养是必要的。迄今，国内的语言学研究仍主要采用传统的研究范式，基于实验的研究占少数，因此实验语音学、心理语言学和神经语言学方面的师资较缺乏。学生想研究这方面的议题，对实验架设、实验数据采集及分析，均要有充分且系统性的训练。如此一来，出国读研即有其必要性，本科生的国际化培养就成了不可或缺的一环。

钱昱夫老师

其次，国际化培养对于对实验语言学不太感兴趣的语言学专业学生也是重要的，其原因有以下几点。

（1）在研究议题上，中国传统的语言学和西方的语言学侧重点不同，在本科阶段应广泛摄取不同议题的语言学概念，有助于发现自己真正感兴趣的领域并"激荡"出新颖的研究课题。

（2）结合我的教学经验来看，部分语言学专业的本科生想在本科毕业后出国攻读语言学或语言治疗专业等的硕士学位。若系里推动本科生的国际化培养，将有助于学生申请国外语言学相关系所的研究生班。

[①] 钱昱夫：复旦大学中文系副教授，美国堪萨斯大学语言学系荣誉博士、台湾政治大学语言学研究所语言学硕士、台湾师范大学国文学系文学学士。

（3）全球化势不可挡，世界宛如地球村。即使学生们毕业后不出国留学或不走学术之途，若具有良好的外语能力和国际视野，也将成为他们毕业后踏入职场的加分项。

最后，从上文可知，本科生的国际化培养至关重要。至于如何实践，建议如下。

（1）鼓励开设完全以英语授课的课程，除了培养学生阅读国外期刊论文的能力外，也训练学生用英语写语言学报告的能力。

（2）开设外国期刊论文精读类的课程，即使授课教师不以英语授课，也要使用英语课件和阅读材料。

（3）即使未开设全英语课程或国外期刊精读课程，教师在其他课程中或多或少将一些在国外顶尖期刊上发表的经典论文列为必读论文，也将使学生对阅读英文期刊或查找外国文献不感到陌生和害怕。

（4）鼓励学生以英语撰写论文或研究报告。若学生有意出国留学，在申请学校时，国外的语言学系很可能要求学生提交一篇代表性的研究报告或论文；即使申请的学校并无硬性要求，学生若能提供，则能成为加分项，对申请国外的语言学系有很大的帮助。

本科生的国际化培养是必要且重要的。目前复旦中国语言文学系已有一些本科生国际化培养方案。若能加以完善，本科生在思考毕业后的道路时将有更多选择。

语言学及应用语言学学科：创建国际化教学团队、教学环境、教学模式，鼓励学生参会、实习、提高动手能力

叶婧婷[①]

1. 教学团队与教学模式国际化

可聘请国际专家来做短期的工作坊或培训活动（线下为佳，线上亦可），让学生迅速习得一些必备的技能。

---

① 叶婧婷：复旦大学中文系青年副研究员，复旦大学文学博士、德国莱比锡大学语言学博士。

例如，会使用 R 语言、Latex（排版系统）之类的简单编程软件，或简单的数据分析软件，这类能力在语言学的研究中非常重要，但是许多学生到了博士期间还没有掌握。就我个人的经历来看，如果有合适的工作坊，学生在一两周内就可以掌握这些技能。我之前在德国的时候就偶然参加了类似的工作坊，然后迅速学会了许多必备的技能。

此外，还有一些其他技能，如如何作会议报告、如何演讲、如何写文章等，都是可以培养的。如果能有短期培训的方式（例如 1~2 天），效率会更高，也更能激发学生的热情。

叶婧婷老师

2. 教学环境国际化

可聘请外籍教师，或鼓励本系有留学背景的老师，开设全英文的课程。除了开设全英文课程之外，也可充分利用校内资源，鼓励学生参加外文学院或奥地利中心等的活动，或者与他们定期组织一些学术交流活动。

3. 外语能力培养与视野国际化

国际化培养的学生的非常重要的素质就是外语能力与国际视野。

大部分中文系的学生的外语能力有限。要建立拔尖基地，给学生一些学习外语的鼓励机制，如鼓励学生选修第二外语等。在欧洲，学习语言学的学生一般都掌握几门外语。当然，要掌握一门外语至少需要一年的时间。如果只是达到中级左右的水平，学生只要安排得当，就完全有可能在本科期间学完。

中文系提供的参加国际交流的机会不算少，不过尚未达到让每位学生都有交流机会的程度。在建设拔尖基地的过程中，可以将学生出国交流作为培养中的必需环节。学生也不必都去半年一年，可以考虑参加短期的，如一个月或三个月的出国交流。例如，参加暑期学校或短期的培训班之类。对于这一类的活动，如果能够提供相应的资助就更好了。

除了作交换学生之外，另一种可能的途径是到国外的科研项目中去实习。例如，之前我在德国的时候，我导师有一个学术项目，当时有一个斯坦福大学的本科生就申请过来实习。当然，这类的机会相对少，可能需要老师们帮助联系或给学生指引。

（1）设立会议资助，鼓励学生积极参与国际会议

目前，复旦学生参加国际会议的比例还不是很高。之前，我在语言学方向的专业英语课上问过语言学方向的硕士研究生和博士研究生，竟然没有一个人参与过国际会议。众所周知，参加国际会议是非常重要的，一方面能够让我们了解最新的研究成果，另一方面让我们有机会接触到业内顶尖的教授。在欧美，研究生都会去参加国际会议；此外，我偶尔碰到过本科生参加国际会议。例如，有一次我在墨西哥开会，就碰到过一个日本的本科生。如果我们想鼓励学生去参加，就应当设立会议资助，毕竟参加国际会议需要一定的经费。当然，也不应盲目资助，可在资助时设立一些遴选机制，仅资助参加专业内比较重要的国际会议。在语言学方向，欧洲语言学年会、美国语言学年会等都是比较好的会议。遴选结果应当由该专业的老师来决定。

（2）教育思维与格局的国际化

在现有的教育模式下，即便是复旦的学生，有时候也会陷入"眼高手低"的困境。在我看来，国际化教育不仅是国际交流，而且应将国际上优秀的教育方式吸纳到我们的教育系统中。

德国高校几乎所有课程都会配备相应的讨论课和练习课，以培养学生的动手能力。虽然这样会导致学生课业负担较重，但学生基础会非常扎实。

比较文学与世界文学学科：复旦大学—巴黎高师人文硕士班项目——在起点与终点之间搭建切实的桥梁

黄 蓓[①]

自 2014 年以来，黄蓓老师负责复旦大学 — 巴黎高师人文硕士班项目的管理与部分教学工作。这是一个人文学科的研究生项目，覆盖中文在内的四个文科院系。选拔入班的学生需经历三年的研究生培养期，包括从零开始的法语语言学习、方法论课程与法国教授开设的研讨课。考虑到部分本科生直升本校硕士生，

---

① 黄蓓：复旦大学中文系比较文学与世界文学教授，法国索邦大学博士。

该项目招生时也面向已获得直升资格的本科大四学生。这些本科生在大四时即参加项目，进入研究生阶段后继续学习，整个培养期延长至四年，基础将更为扎实。如此，学生便完成了复旦本硕连续、继而赴巴黎高师或其他法国一流高校攻读博士学位一个完整的国际化学习过程。

黄蓓老师

根据这几年的经验，在国际化学生培养方面，除高标准的外语学习之外，以下三点尤为重要。

一是大量开设由法国学者授课的课程。在项目班的框架内，我们每年邀请5位法国高校教师给学生授课，每次均为一个系列。这些课程直接用法语讲授，同时配有翻译，确保学生理解。这些法国学者的课程大大开阔了学生的学术视野与学术思维，学生们获益良多。

二是学术方法的训练。以中法之间的学术写作为例，法国教育对学术写作极为重视，包括文本细读、文本评析、主题论文等不同形式的写作。这些能力是博士生论文写作的基本功。而在法国深造的中国学生，学业上遇到的最大困难便是学术写作。为了给学生们在中国高校教育与法国高校教育之间搭建起桥梁，我们为学生制订的学术培养计划中最重要的部分便是方法论课程的学术写作训练。经过大量的写作练习之后，学生可以构建一种新的学术思维，能够在国外留学时很快满足学术写作方面的要求，顺利完成博士论文。

三是帮助学生寻找国外的学校与导师。在这方面，项目的存在提供了很大便利。对于有赴法读博计划并通过选拔的学生，法国项目合作学校设专人帮助联系相关研究领域的导师；在学生到达法国之后，帮助安排住宿与注册等各项事务。这些帮助对于我们的学生相当重要，使他们不仅在不熟悉法国高校的情况下能够找到合适的导师，而且在开始异国求学后能够很快适应当地生活，并充分利用当地资源，避免学业乃至精神上的迷失。

综上所述，对于复旦学生在学术方面的国际化培养，最重要的一点是在起点与终点之间搭建起切实的桥梁。这一桥梁既在学术思维的层面，也在具体事务的层面。如此，学生们在两个国家、两种文化、两种学术传统之间的不适感就会变得最小化，最终成长为视野开阔、思维活跃、创造力丰富的国际型学术人才。

拓展本科生国际视野，增加外国文学和世界文学的学科存在感

张燕萍[①]

张燕萍老师

本科生的国际化教育与培养，重在国际视野的培养；而视野的培养，又重在耳濡目染与亲身实践。课堂自然是至关重要的一环，但大环境的影响亦不可小觑。结合我的二级学科背景，在实践上，我认为至少有两个方向可以努力。一是鼓励中文系的学生踏实学好一两门外语，活学活用语言，平时多浏览外文报纸、杂志，学有余力的可以试着通读原版文学作品。借用已故外文学院陆谷孙先生的话：学好外国语，做好中国人。二是考虑在课程设置上稍增加一些外国文学和世界文学的因素，在教授与学习过程中可以考虑纳入对原文段落或章节的细读、对国际前沿学术趋势的介绍，在课程的推荐书目里适量增加国际学术书目的比重等。

在对国际化拔尖人才的选拔方面，重要的是对学生综合能力的考量，过度注重绩点只会带来负面效应，可以综合学生的绩点、社会活动能力、面试情况、外语能力等因素考虑排名。

在面试过程中，学生对国际社会热点问题的回应可体现其视野宽广程度。近年来，报名国际交流的学生似乎有减少的趋势，可以通过在课堂、书院、班级等不同层面加大宣传力度，减少负面新闻对学生的影响。此外还有一点值得思考：如何能招收到一流的外国留学生并增加中文系学生与外国留学生之间的互动？这一点，无论是对于学生国际视野的拓展与语言能力的提高，还是对于中文系国际化学风的建设，都有着重要的意义。

---

① 张燕萍：复旦大学中文系青年教师，哈佛大学比较文学博士。

文艺学学科：国内外联合培养，提升学生的学术视野与专业训练程度

徐贤樑[①]

文艺学学科方向涵盖中、西美学文论两大领域，其中西方美学和文论与国际化教育存在密切的联系，在很大程度上，文艺学研究生的培养依赖于其本科阶段所奠定的学术基础。而引导学生拓宽视野、扩充知识面并唤起其对本专业的学术兴趣，系统化的国际化教育起着至关重要的作用。

目前，马克思主义美学研究、德国古典美学研究以及当代文化研究作为复旦大学中文系文艺学方向的传统

徐贤樑老师

优势学科，在多年的教学与科研培养实践中积累了相当多的国际化教学经验。在校际国际化交流方面，文艺学学科与德国耶拿大学、美国佛罗里达大学、纽约新学院等国际知名高校以及科研机构建立起比较稳定的合作关系，长期保持较为深入与高频的互动。之前，几乎每年都会举办相关的国际学术会议，邀请有关国际知名学者来复旦讲学。在国际化教学的推动下，复旦文艺学方向的硕博研究生培养逐渐形成校际交换——国内国外联合培养的模式，大大提升了学生的学术视野与专业化程度。本科生阶段的国际化教育尤其重要。本科阶段的学生思维活跃、接受能力强。对于有志于深造的高年级本科生，国际交流与访问学习对他们学术兴趣的提升与学术观念的塑造有着很大的帮助。

结合本学科以往的国际交流模式和本人求学时期的经验，可以在借鉴研究生培养模式的基础上，根据本科生的实际情况，给本科生提供更加多元与丰富的国

---

① 徐贤樑：复旦大学中文系讲师，复旦大学、德国耶拿大学联合培养博士。

际交流形式。从可操作性上看，本科生出国交流实践以在大三时开展为宜。在这一时期，学生应已修完大部分专业基础课，并且开始具有对感兴趣学科的特定认识，也能够较快适应国外的学习和生活。出国交流之前应适当安排教师对学生进行辅导，如培训诸如联络国外老师、签证办理、如何选课和利用国外图书馆资源等具体问题。此外，还可适当增加短期交流项目，如夏季学期的密集学习、国内外联合举办的本科生学术会议活动、短期文化交流体验等。本科生的国际交流或许可适当与学科教师的国际访问相结合，探索教师和学生去同一国外高校访问研究和学习的新模式。

希望能够推动本科生国际化教育，逐渐建立起较为系统、稳定的本科校际交换项目，帮助本科生提前培养专业兴趣，给其提供一个预先接受专业训练的机会，从而提高学生的科研素养，并且为全系的本科生创造出更为多元化的毕业前景。

（2022 年 4 月）

科教结合协同育人,培养生命科学拔尖创新型人才

——中国科学院大学生命科学学院的科教结合协同育人

中国科学院大学

陆忠兵

人物简介:康乐,中国科学院大学生命科学学院院长,河北大学校长,中国科学院院士,发展中国家科学院院士,欧洲科学院院士,国际欧亚科学院院士,美国科学院外籍院士,美国昆虫学会会士以及美国内布拉斯加大学荣誉科学博士。1990年毕业于中国科学院动物研究所,获理学博士学位。曾任中国科学院动物研究所所长,现任国际生物科学联合会副主席、中国生物科学联合会主席、中国科协生命科学学会联合体轮值主席。在《自然》(Nature)、科学(Science)等重要刊物上发表文章240余篇。长期从事生态基因组学研究,在飞蝗基因组学、表型可塑性和行为遗传、表观遗传调控领域取得了突出成绩。

2021年,中国科学院大学(简称国科大)生物科学专业成功入选教育部国家级基础学科拔尖学生培养计划2.0基地。负责生物学教学工作的康乐院士为国科大的本科教育做出了重要贡献。为此,我们采访了康乐院士进行,以深入了解国科大生物科学专业创新型人才的培养情况。

陆忠兵:国科大生物科学专业在2021年成功入选教育部国家级基础学科拔尖学生培养计划2.0基地,您出色的教学工作为国科大本科教育做出了重要贡献。那么,您认为培养创新型人才的基础和保障是什么呢?

康乐院士： 在我看来，高水平师资队伍和管理运行机制是培养学生的基础和保障。

国科大生命科学学院是国科大学生规模最大的基础学院，自 2014 年 7 月起，按照科教融合体制筹建，从中国科学院相关研究所中遴选出 136 名核心骨干人才组成了一支具有丰富教学经验和雄厚科研实力的师资队伍。学院成立以来，先后聘请百人计划入选者 180 余人次、国家杰出青年科学基金获得者 70 余人次来学院授课，陈润生院士长期在学院授课，达到良好的教学效果。

中国科学院大学科教融合生命科学学院成立大会

学院在生物学一级学科建制下，下设 8 个二级学科方向教研室，包括普通生物学教研室、生物化学与分子生物学教研室、细胞生物学教研室、生物物理学教研室、神经生物与心理学教研室、遗传与发育生物学教研室、生态与进化生物学教研室、微生物与免疫学教研室。教研室学科方向的设置基于生物学本科、常规课程的广度和深度，结合课程体系，涵盖了生命科学基础前沿研究方向，为厚基础、宽口径的教学体系的建设和科技创新目标的实现打下坚实的基础。

为保障拔尖创新人才工作的深入开展，学院不断完善学科建设、教学体系和绩效考评激励机制：特别聘请著名科学家中国科学院院士饶子和与中国科学院院士陈润生，分别担任学术委员会、教学委员会主任；成立教学督导委员会，由丁文军教授任主任，负责考评教学绩效，评定优秀教师、精品课程，推广优秀的教学方法和先进的教学管理经验；设立"科教融合办公室"，负责学院教学与科研日常管理工作，负责联系学院与依托单位及共建单位，服务学院各教研室。通过构建健全的管理机制，为拔尖创新人才工作的深入开展提供了全方位的保障。

陆忠兵：我们常说，教学与科研是相辅相成、相互促进的关系，那么，在拔尖创新人才的培养过程中，国科大都融合了哪些科研平台来发挥育人的作用？

康乐院士：运行高效的科研平台是培养学生的重地。学院科研平台依托中国科学院生物物理研究所、动物研究所、遗传与发育生物学研究所、植物研究所、微生物研究所、北京基因组研究所、心理研究所等研究机构，拥有11个国家重点实验室、14个中国科学院重点实验室；具有完善的普通生物学、生物化学、分子生物学、细胞生物学、遗传学、进化与生态学等基础教学与实验设施，实验条件国际一流。学院充分发挥优势资源，协同育人，教研相长，以一流的科研平台支持一流的本科生和研究生教育。

陆忠兵：据了解，您在科教融合、协同育人方面也进行了积极的探索与实践，并且已经在相关领域取得了可喜的成果。那么，从本科生培养的角度，您认为科教融合对生物类拔尖创新人才的培养有哪些促进作用？

康乐院士："科教融合"是实现习近平总书记对中国科学院提出的"四个率先"目标的重要举措。本科生教学是我们促进科教结合的重要尝试，不仅要全面考虑学生的知识基础、今后的发展方向，还要考虑与其他学科的教学衔接等问题。本科生正处于从被动学习到主动学习的转折期，教师的引导至关重要。因此，我向学生们强调不要只考虑在课程学习中考高分，要注意掌握更广泛的知识，更要感受科研气氛，激发科研兴趣，为今后的科研打下更坚实的基础。

我们希望他们成为未来杰出的科学家。对于一个科学家的成长教育，就本科时期而言，要帮助他培养终身学习的能力，广泛学习，不偏科，打牢基础。本科之后，人们很少有系统学习的机会，如果遇到新知识，往往需要借助本科学习的知识将其读懂、弄通。当然，最重要的是学有所爱，选择正确的方向。

生命科学学院的一个鲜明特征就是"多样性"。生命科学学院要继续发挥学院原有的教师长期从事基础课授课的优势，同时发挥研究所一线科学家研究前沿性和个性化的优势，依托教研室共同承担教学任务，使科研与教学更加有机地结合起来，探索教学课程与科学研究的紧密结合方式，探索与一般大学不同的本科生、研究生现代化教育模式，为培养国家需要的优秀人才做出贡献。

陆忠兵：您认为科教融合协同育人与拔尖人才培养的关系是怎样的？

康乐院士：科教融合协同育人为我们探索拔尖人才培养提供了广阔的舞台。2012年8月，教育部、中国科学院联合启动实施科教结合协同育人行动计划。通过计划的实施，探索高等院校与科研院所联合培养人才的新模式，提高学生的实践能力和增强学生的创新本领，促进我国高等教育人才培养质量的提高。当时，我还在担任中国科学院动物研究所的所长，与河北大学联合创办了生命科学星辰班（简称试点班），2012年12月签署了协同育人协议，2013年招收了第一批有志于生命科学研究的河北大学本科生，采取"2.5+1.5"的人才培养模式，每班15~30人，学生培养方案、教学大纲、课程体系均由河北大学和中国科学院共同商讨制订。学生前期在河北大学修读通识课及专业基础课，并定期聆听中国科学院名师讲座，了解学科前沿进展；大三下学期进入中国科学院学习，被编入科研团队，并配备专门导师，开展科研实践、毕业设计及论文撰写等。试点班实行"双导师制"，每名学生配备两位导师，一名为河北大学教师，一名为中国科学院动物研究所科研人员。

试点班充分运用中国科学院丰富的科研资源和高水平科研队伍，重点培养学生的科学精神、创造性思维和研究能力，注重基本理论和综合能力的培养，课程

中国科学院动物研究所欢迎生命科学星辰班学生

设置坚持理论与实际相结合。合作办学的双方为试点班人才培养提供了优越的教学条件和育人环境。至今已有 5 届 117 名毕业生。学生的平均考研率达 79.32%，且大部分考取清华大学、复旦大学、北京师范大学、中国科学院大学等全国"双一流"大学和国家科研院所。科研成果突出，发表 SCI 论文 39 篇、中文核心期刊论文 9 篇，参编出版专著 1 部，参与国家级、省级学术科技竞赛和创新创业项目 21 项。试点班得到了学生、家长、联培单位以及社会各界的高度认可，中央电视台、科学网、中国高新科技等主流媒体对此进行了新闻报道。在协同育人过程中，河北大学生命科学学院在科学科研方面也取得了可喜的成果。2019 年，"生物学拔尖创新人才科教结合培养模式的探索与实践"项目荣获河北省高等学校教学成果奖一等奖。2020 年，河北大学生物科学专业获批国家首批一流本科专业建设点，两门一流课程，一门思政示范课程名师团队。在试点班的基础上，河北大学又分别与中国科学院微生物研究所和军事科学院国家蛋白质研究中心（凤凰中心）联合创办了生命科学菁英班和生命科学凤凰班。目前，三个班已经培养了 301 人，总读研率达 63.46%（高出普通班 24.12%），继续深造（读博）率达 22.13%。在校期间，多位学生在《核酸研究》（*Nucleic Acids Research*）、《自然通讯》（*Nature Communications*）等期刊发表高水平文章 47 篇，发表中文核心文

中国科学院副院长、国科大校长丁仲礼院士和河北大学校长康乐院士签署战略合作框架协议

章 14 篇，参编出版专著 1 部。近 5 年来，大学生创新创业训练计划项目（简称大创项目）获省部级及以上奖项 41 项、校级奖项 29 项，其他竞赛获奖 14 项；37.42% 的学生积极服务于京津冀协同发展国家战略与雄安新区建设，以扎实的专业基础投入工作。

如今，国科大生命科学学院生物科学专业建成了拔尖人才 2.0 奖项培养基地，为人才培养提供了更为高水平的平台。我们将以此为契机，进一步加强与科研院所和高校的合作，使目标导向研究和自由探索相互衔接、优势互补，形成教研相长、协同育人的新模式，为我国科技创新人才的培养打牢基础。

（2022 年 7 月）

少年意气强不羁，不患生死争朝夕
——记艰难不屈的伯苓少年王子健

南开大学

张思彤、张佳庆、王子健

人物简介：王子健，南开大学化学学院本科生。2016年入学，日均学习15小时，考入理科伯苓实验班（简称伯苓班），是全班唯一一名之前没有竞赛基础的学生。随后加入实验室，参与发表了2篇SCI科研论文。2018年10月，查出患有急性髓系白血病M4，被迫休学治疗。在2年的休学期，王子健在病床上阅读了《资本论》等20余部经典著作，持续400余天坚持每天学习1个多小时英语，实现了从英语四级426分到六级559分的飞跃。复学后，他又开始了早七晚十的学习生活，短短半年，参与发表化学顶级期刊科研论文1篇。目前，王子健累计在《自然通讯》（*Nature Communications*）、《美国化学会志》（*JACS*）等期刊上参与发表科研论文3篇，另有2篇文章待投。

一、以勤补拙，跬步千里

2016年，王子健像其他同学一样，顺利完成高考，步入南开园。在入学后伯苓班选拔中的失利让他看到了自己和他人的差距，但仅得了8分的入学考试成绩并没有使他一蹶不振，反而激发了他的好胜心。在上进心的驱使下，他严格要求自己，日均学习15小时，终于在1年后如愿考入伯苓班，成为全班唯一一名

王子健同学

之前没有任何竞赛基础的学生。大二结束，王子健修完了 120 学分的课程，课余时间几乎一直泡在实验室；累计 200 多天的假期，有 190 天在做科研；代表课题组去大连、南京参与学术交流；在 *Nature Communications*、*Inorganic Chemistry* 上参与发表 2 篇高水平文章。

二、生死由他，勤学无改

然而，命运这只无形的手狠狠拉住了他驰骋人生的缰绳。大二暑假，他开始感觉虚弱无力，随着时间的推移，这种状况不断加重。但他仍积极参与学术交流，并把交流所得整理成了翔实的汇报，用了 6 个多小时向课题组老师与同学们分享，给课题组带来了许多新的思路。汇报结束后，他才抽出时间去医院进行了检查。令人没有想到的是，他被确诊为急性髓系白血病，血红蛋白只有常人的 1/4，随时有生命危险。这无论在精神上还是在经济上，对他和他的家庭都是毁灭性的打击。就在绝望之际，南开大学的师生和社会各界爱心人士伸出了援手，捐助了近六十万善款，给了王子健与病魔战斗的底气。

治疗的过程就像闯关：化疗导致的反胃和脱发、服用激素引起的"满月脸"、骨髓穿刺的剧痛、移植后骨髓深处的刺痛、眼干燥症严重时像有几千根银线切割眼球的那种刮痛……关关难过关关过，每一次他都坚定地朝着生的希望步步前进。

但在病床上,最折磨他的远不是这些肉体上的痛苦,而是无事可做、浪费时间的罪恶感。为了克服化疗带来的后遗症,争取更多的学习时间,王子健通过反复洗脸来缓解眼干燥症,有时洗得脸生疼;实在看不了了,就听。就这样,病床上的他坚持读完了 20 余部著作,完成了万余字的市级创新科研项目结项报告,自学了"现代物理化学""微观经济学""西方哲学史"等课程,连续 407 天坚持每天学习英语 1 个小时以上,实现了从大学英语四级 426 分到六级 559 分的飞跃。

他比许多人更明白时间的宝贵,也更懂得学习的价值。骨髓移植一年以后,即使身体指标还没恢复到常人的水平,王子健仍力排众议,选择了复学,回到他朝思暮想的南丌园。

为了完成休学期间落下的课程,他需要连续进行一个月的实验,有时要持续站五六个小时。他一边挑战着身体极限,一边为避免感染而不敢进食。他还申请回归课题组继续开展研究。这一切的一切,让周围人几乎忘记了他曾是一个白血病患者。其科研成果得到了导师及合作者的极大肯定。经过一年的努力,他终于顺利修完了所有课程,获得了国家励志奖学金;完成了 2 个科研项目,在化学顶级期刊 *JACS* 上参与发表了 1 篇论文,另有 2 篇论文即将发表。同时,他还获得了保研资格,将加入杨金龙院士课题组深造。

三、赤子之心,使命不负

"我是什么样的人?我要成为什么样的人?"一直以来,王子健对这两个问题都有着清楚的答案,患病时期的经历和思考让答案的内核变得更加丰富而坚定。患病的两年间,学校师生及社会各界的爱心让他深受感动,他无比渴望用自己的力量去回馈社会,回馈母校。

作为当代的化学工作者,他不由得去思考,在"世界百年未有之大变局加速演进"的当下,他能做什么?当听到中央经济工作会议强调,要"实施好关键核心技术攻关工程,尽快解决一批'卡脖子'问题"时,他豁然开朗!"我认为我现在所做的研究是极有意义的……虽然我们现在面临着诸多挑战,例如理论水平、服务器算力和实验条件的限制,但有一天我们会攻克的,像工程师设计高楼大厦一样,设计我们想要的具有任何物理化学性质的分子。"中国铂族金属资源匮乏且进口依赖度高，但它是目前高附加值化工产品加工生产中不可或缺的催化剂。想要改变依赖进口这一金属资源的局面，就迫切需要研究使用廉价替代金属，比如铁。这也是他投身铁催化机理研究的最根本动力。

南开园的荷花开了又败，王子健从未浪费过一寸光阴、一寸生机、一寸希望。他说："只要有机会，我会好好活下去！"既然生活给了他机会，他便会将生活过得充实而有意义。王子健相信，人所关注的、为之奋斗的事物构成了人生的意义之网，只有为之奋斗努力，使这个国家、这个社会变得越来越美好，人才能够编织出一张属于自己的足够坚韧的意义之网。

博闻格物志渐彰，山河春晖待报偿。所赖光阴未相负，惜取寸寸路自长。

（2022 年 10 月）

研究成果

也谈气局与拔尖创新人才成长

兰州大学

张克非

背景介绍：兰州大学萃英学院在拔尖计划 2.0 建设中积极开展新时代书院制建设和新文科建设探索，创新拔尖人才培养模式。这篇文章是兰州大学萃英学院开展新型书院制建设下拔尖人才培养研究的成果之一。张克非教授是兰州大学萃英学院人文专业教学指导小组组长、历史文化学院教授、校史研究室主任，兼学校本科教学顾问、中国高等教育学会校史研究分会理事长，长期参与萃英学院人文萃英班教学及指导工作。

当今世界，人才是第一资源。一流的拔尖人才，更是科学技术、文化思想各个领域的开拓者、引领者和"将才""帅才"。因而，各国高等教育都把培养拔尖人才作为一项战略性任务和标志性工程。

纵览古今，拔尖人才的出现既需要有利的社会、文化环境与相应的教育、培养机制，又离不开个人的禀赋和努力。拔尖人才的成长既有鲜明的个性特点，也有一些共同的规律。笔者结合自己从教 30 多年间目睹的很多青年才俊成长的经历，深感气局对于拔尖人才成长、成才的重要性，这也是以往容易被忽略的。

一、何谓气局

所谓气局，即一个人在为人处世、治学做事等各个方面表现出的气度、格局。气局更是莘莘学子胸怀、视野、志趣及其在事业上目标、追求的集中体现，影响着他的学习心态、思维方式、行为方式及相关能力，甚至在很大程度上决定其一生成就之大小。

高等教育和人才培养中，那些有可能成为拔尖、杰出人才的年轻人，通常或具有一种与生俱来的恢宏气局，或具有在学习、实践中拓展气局的自觉追求和能力。《论语》中说的"士不可不弘毅，任重而道远"，某种程度上也是强调古代君子所应有的品质和气局。古今中外凡能成就大事业者，皆与其气局的宏阔密不可分。晚清重臣左宗棠在困顿的青年时代，即以"身无半亩心忧天下，读书万卷神交古人"而自况自勉；周恩来少年时期即立志"为中华之崛起而读书"——先贤们在青少年时代超乎常人的胸怀、气局和志向，使他们最终能够为国为民成就大事业。古今中外，无数杰出人物的早年经历都充分证明，青少年时期个人的志趣、交往、阅历对其开阔气局和成长、成才有重要作用。

爱因斯坦强调兴趣在学习、研究中的重要性。学者们的兴趣是与其内心的价值追求、奋斗目标和学术事业紧密相连的。因而，他们才能矢志不渝地保持浓厚的学习、研究兴趣，自觉地把追求真理作为终身"志业"来坚守。这也是古往今来的杰出人才能够成就一流事业的共同原因。

国内外的不同研究表明，包括诺贝尔奖获得者在内的杰出科学家、大学者，大多出身于科学、学术世家。这有多种原因，尤其是前辈的熏陶和影响、家中得天独厚的学术环境和氛围，更容易使他们自幼即养成别人难以企及的气局、视野和学术追求，从一开始就站在巨人的肩膀上眺望、前行。而那些同样能够取得非凡业绩的寻常百姓子弟，除了自身的聪慧、加倍的努力之外，也往往通过读书感悟或受良师益友启发，比较早地发愿立志，逐渐形成大的气局和学术追求。

但在我们的朋辈、学生中，不少相对聪颖、个人条件等原本不错的人，后来没有成长为一流人才，一个不容忽视的原因就在于缺乏大的气局，最终使自己的学习、成长或局限于功利化目的，或株守于一隅，未能把自己的"小聪明"转化为某个方面的"大智慧"。

在新时代，中国高等教育要圆满回答"钱学森之问"，培养出更多国家、社会急需的拔尖人才，同样需要关注、加强优秀学生宏大气局的养成。

二、限制气局的主要因素及改革探索

以往的高等教育，近似于流水线上的标准化生产，师生都陷入分科过细的专业化教学过程，按部就班地完成一门门课程，侧重于传授、学习课本上相对成熟的专业知识，并对学生的学习效果做出评价。随着近 20 年来教育的迅速发展，越来越多的年轻人可以进入高校学习。拿到大学的毕业文凭，最终找到理想的工作，成为很多人既定的想法和目标。加上受社会消费主义文化和手机的影响，能够下苦功夫学习、钻研并立志成才的学生堪称少数。原有的教育模式、培养体系已不能满足优秀学生开阔气局、健康成长，已经引起各方面的重视。随着党和国家深入实施人才强国战略的需求，不断深化教育改革，启动拔尖创新人才培养和新文科、新工科及"双一流"建设，组织在校学生参与创新创业项目，重视提升本科教育质量等，很多高校正在发生明显变化。兰州大学萃英学院设立 10 年来的探索及实践成效充分证明，可以采取多种途径和方式，引导优秀学生开阔气局和视野，通过努力成为面向未来的拔尖创新人才。

一是坚持精英教育和拔尖人才培养的高标准、严要求，为优秀学生营造更加和谐、有利的成才环境。萃英学院的任务是实施基础学科拔尖学生培养试验计划，通过严格考试，从全校大一学生中选拔对基础学科有浓厚兴趣、学习成绩突出的佼佼者，组成不超过 20 人的专业小班。始终以学生为中心，坚持精英教育的标准、要求，遴选校内外有经验、负责任的教师和著名学者，对各门课程的教学和考核方式进行改革，同时采取书院制的教学、住宿和自修方式，为学生提供各方面的服务，营造自主、开放式的学习、成长环境。学生们反映，采用小班制教学使课堂上的交流互动非常频繁，学到的知识更贴近科研实践；教学和考核方式也更灵活，写论文和作报告的训练很多，使自己思考和研究能力的提高远快于校内其他同学。一些学生则通过对某些课程的学习、钻研，点燃了自己的学术热情，明确了自己硕士和博士阶段的研究方向。

二是引导学生认识、释放自我潜力，树立探索真知、真理的兴趣和自信。萃英学院从一开始即确立了"我有世界，世界有我"的院训，要求学生有放眼世界的胸怀和眼光，通过各种活动引导学生建立使命感和自信心，充分认识、发挥自身的学习潜力，培养进行基础研究、深入探索未知世界的浓厚兴趣。任课教师也大都能够基于这样的目标，尽可能在各个方面言传身教，形成积极的示范，激发学生的自信心、好奇心和研究真学问的兴趣。这种自信心有助于年轻人开拓胸襟，树立远大抱负和气局。正如萃英学院 2012 级物理学班刘欣尧同学所说，基础学科拔尖学生培养试验计划的重点是在"试验"。选入该计划的学生都是很优秀的。他们的使命不仅仅是让自己变得更优秀,而且要给"如何让更多学生变得更优秀"这个实验课题提供更多的样本和数据。这无疑是一个巨大的挑战,既要保证自己的学业取得不错的成绩,还要应对不同教育模式切换所产生的不适应,是对个人心理和生理的双重考验。能坚持到最后的学生肯定是拔尖人才了。

三是让学生跟随名师,尽早步入深邃、浩瀚的科学与精神世界。 萃英学院聘请校内外有造诣的学者担任学生的学术导师,开设多种前沿讲座,使学生尽早接触、参与科学研究,感受自然科学、精神世界的博大精深和内在魅力,进一步提升学生自主学习、钻研的积极性和主动性,使课堂教学、课下自学、独立思考、讨论交流与研究工作有机结合、相得益彰,全面提升学生的专业水平与深入思考的能力。同学们反映,通过高强度的课程学习,每周一次的读书小组活动,每月一次的读书报告会,与同学老师们的日常交流学习,与书本、文字的对话,在实验室中与仪器、设备的亲密接触,有效地实现了自身的进步和成长,也为未来的发展奠定了坚实的基础。

四是通过不同学校、专业师生的相互启迪,形成多维的视角,培养观察、思考、研究能力。 萃英学院特意安排不同专业的学生同住一间公寓,鼓励学生按照自己的兴趣和需要跨专业选修课程。学生们普遍感受到"在萃英学院学习期间,最大的好处就是可以方便、快捷地和其他专业的同学交流"。学院给每位学生提供赴海外名校学习交流的机会,使学生感受不同高校的治学氛围与教育风格,能够"转益多师是吾师"。这种跨专业、跨学校的学习经历,使学生有效地开阔了视野,增强了合作意识,形成了打破专业局限,进行多学科交叉学习、思维的习惯。2014级人文班丁曼玉同学认为,正是在萃英学院3年间师生间的交流、境外访学的经历,让她对历史和现实、理论与实际、专业的区隔与联系有了更多认识,对世界和人有了更进一步的理解和思考。这种对世界的理解和好奇,成为自己日后生活与学习的动力。

兰州大学萃英学院的探索结果,与历史上优秀人才成长的经验相符,与当今新的科技革命、世界变局下拔尖人才的成长规律相吻合,使学生逐渐具备恢宏的气局和抱负。

三、培养优秀学生的宏大气局

一个人在青年时代要形成大的气局,需要先天因素与后天的涵养、调摄和积蓄。汉代史学家司马迁早年的游学经历使他开视野、广见闻、深思虑，形成"究天人之际，通古今之变，成一家之言"的追求和气局，为他后来能够在逆境中继承父志，撰写出被鲁迅誉为"史家之绝唱，无韵之离骚"的《史记》提供了重要条件。清代袁枚《随园诗话》中说："士君子读篋破万卷，又必须登庙堂，览山川，结交海内名流，然后气局见解自然阔大。"

大学教育、教师职责和立德树人的新境界都要求学校及教师在拓展学生气局方面有更多关注、更大突破。特别是"双一流"建设高校及其为培养拔尖人才专设的学院、班级，更要关注优秀学生气局的拓展，探索成功的措施、途径。

作为以立德树人、培育英才为毕生志愿的高校教师，既要善于发现、呵护那些在禀赋与气局上有过人之处、发展潜力的可造之才，又要有能力因材施教，循循善诱，引导他们通过读书、思考、研究及各种实践，尤其是与良师益友的相互浸润、琢磨，不断拓展自身气局，完善自我道德、学养和能力，立远志，开眼界，长才干，真正成为敢于标新立异、独具一格的拔尖人才。正如《礼记·学记》所言："故君子之教，喻也。……道而弗牵则和，强而弗抑则易，开而弗达则思。和易以思，可谓善喻矣。"

这就对教师在各方面提出了更高的要求。尤其是在科技、文化创新日渐加速、学科交叉融合日益广泛的今天，一位优秀教师在知识、学养、视野和思维方式、行为方式上，首先自身应具有相对宏阔的气局、见识，能够在这些方面给优秀学生以启发、引导和实实在在的帮助，绝不能以"专家"自诩而罔顾其他，更不能满足于做只能照本宣科、讲授某门课程已有知识的"教书匠"。

作为优秀学生，怎样才能自觉养成恢宏气局并且终身受益？这同样是莘莘学子成长、成才过程中需要关注和解决的问题。《论语》中说，孔子一生以"勿意、勿必、勿固、勿我"要求自己。《中庸》里强调，善于学习者要"博学之，审问之，慎思之，明辨之，笃行之"。中国先贤的这些经验之谈对于现今优秀学生气局的拓展同样有参考价值。青年学子不仅要学习、效法前辈成功者，善养自身之远大志向和气局，而且需要在平时的学习中力求博学、审问、慎思、明辨、笃行。例如，读书善择经典，务精深、广博但不芜杂；择师交友善各取其长，转益多师，提升自我；研究工作虽始自小题目，但能够小中见大，举一反三；等等。如此积累，循序渐进，久久为功，必能传承创新，自广气局，成为可做大事、能担重任的拔尖人才。

（2021年4月）

"小实践大投入"

——厦门大学"海洋科学"基础学科拔尖学生培养计划之"海丝学堂"项目

厦门大学

罗亚威、翁晨希、陈 敏

海洋科学是一门多系统、多学科交叉的综合性学科。学科本身的特色,决定了拔尖人才的培养需要采取"深化创新性理念、加强海上实践性教学"的模式。厦门大学(简称厦大)的"海洋科学"拔尖计划高度重视学生的实践训练,通过进入深远海领域进行实践技能培训的方式,优化人才培养模式,形成理论实践紧密结合、教学手段丰富、富有针对性、建设完善的教学体系,建立有利于学生自主开展探索性、研究性学习的新机制,全面提升学生的海洋实践和科研创新能力。

为此,厦门大学为"海洋科学"拔尖计划建立了"海丝学堂"项目,依托3千吨级现代化的"嘉庚"号科考船,沿海上丝绸之路南海段,在厦门大学本部与厦门大学马来西亚分校2个校区间进行远洋作业和训练,开展"海上厦大"创新实践培训,丰富科创实践培养模式。"海丝学堂"项目以"小实践、大投入"的核心思路,海洋科学的培养理念和方式处于国际前沿,力争建成世界一流的海洋科学拔尖人才培养实践平台,为建设海上丝绸之路培养人才。

"嘉庚"号科考船

  2018—2019 年举办的 2 届"海丝学堂"海上实习项目中，参与者以厦门大学"海洋科学"拔尖学生为主，并公开选拔了厦门大学各学科的本科生代表、厦门大学马来西亚分校的中国—东盟海洋学院师生、马来西亚及美国著名高校学生参加。其中，2018 年 7 月 16—30 日，分 2 个航段先后赴南海北部开展航次实习；2019 年 7 月 25 日—8 月 28 日，沿着海上丝绸之路南海段，分 3 个航段，执行了"中国厦门—中国三亚—马来西亚巴生港—中国厦门"航线的航次实习。

  海上实习项目包括海洋化学、海洋生物、海洋物理、物理海洋和海洋地质 5 个部分。按照每天 24 小时的作业模型，拔尖学生与其他学生一起开展采样和分析等作业。除了忙碌而充实的实习，台风"韦帕""白鹿"以及其他恶劣海况等带来的风浪涌动使得同学们均出现不同程度的晕船情况，但大家克服了身体的不适，坚守岗位完成作业。此外，"嘉庚"号科考船停靠马来西亚巴生港期间，"海丝学堂"项目的同学与指导老师配合，在当地成功举办了开放日活动。这也是中国科考船首次免费向马来西亚公众开放。

一、打破院系专业壁垒，促进学科融合创新

"海丝学堂"项目不仅针对拔尖学生，还面向厦门大学各学院本科生开放，并有国际学生一同参加，实现了拔尖学生与其他学科、其他文化背景的学生之间的互助与交流。拔尖学生与其他学生一起，各自充分发挥自身学科优势。无论是底栖拖网作业中共同冲洗、拣筛样品，还是单层浮游拖网作业中协作检查、释放拖网，抑或是彻夜不眠地在主实验室连续工作，都体现出同学们负责、细致的科研精神。海洋生物方向的同学们对叶绿素分布、浮游和底栖生物初步鉴种结果进行了整理；海洋化学方向的同学们分析了 pH 值、盐度、溶解氧、营养盐单因子以及溶解氧与叶绿素的相关性；海洋物理方向的同学们对声速分析、水声通信、船载声学设备进行了分析；物理海洋方向的同学们围绕 CTD（温盐深多参数海洋观测系统）、走航、ADCP（声学多普勒流速剖面仪）展开探讨；海洋地质方向的同学们围绕粒度和硅藻深入研究。他们通过"单层生物拖网"作业，利用网孔的大小不同，采集到了不同类型的生物；在显微镜下发现了一滴水的奥秘——浮游动物、植物在这里聚集；在"地质柱样"中采集到了深达 3780 米处的深海泥，并分析了解海洋环境的演变过程。甲板上忙碌的身影和每晚灯火通明的实验室是大家共同努力的见证。尽管每天睡眠时间不足 5 小时，尽管海面上一直艳阳高照、持续高温，同学们的热情依然不减。

同学们纷纷表示，非常珍惜这次宝贵的实习机会，在这里深刻体验到了海洋科学研究的艰辛与不易，更感受到了海洋科学的独特魅力。

二、国际合作院校并肩，探索海洋未知疆域

"海丝学堂"项目航段任务的执行过程中，来自不同国家、多所高校的师生随船共同探索海洋，既齐心协力，共同开展科学考察，又增进了友谊，促进了沟通，且有力推进了厦门大学与相关海洋研究机构的科教合作。厦门大学海洋与地球学院斯蒂芬·斯坦克（Stephan Steinke）教授认为，"海丝学堂"项目能够使拔尖学生对科考有直接的了解和清晰的认识。谈到印象深刻的事，同学们提及在进行底栖拖网的时候，将拖网放进海里后，要等待相当之久，心情是十分期待的。当拖网一被拖出水面，老师们就带领同学们上前采集网中的各种生物。整个过程是相当辛苦的，要一直蹲在甲板上一直分辨生物种类并归类，然后用固定液

研究成果

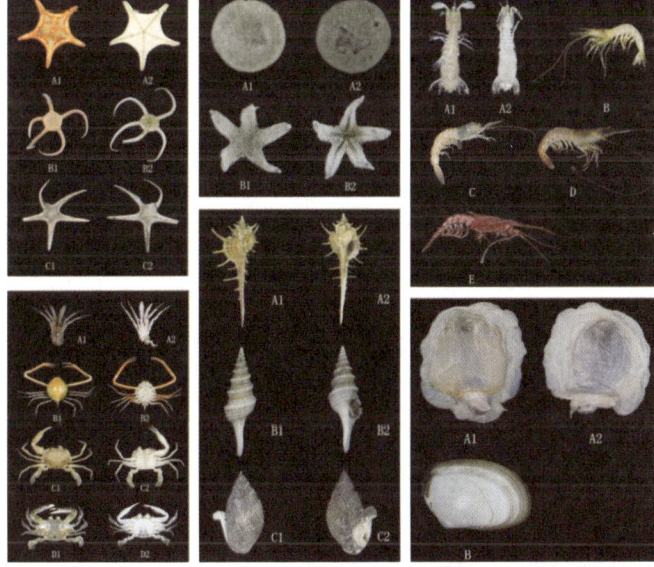

拔尖学生与其他学生一起进行拖网和地质柱样作业

将这些样品固定好，有些还需要当场做成薄片在显微镜下观察。

三、推进"三全育人"，专业思政同向同行

在海上航行、靠港期间，"海丝学堂"项目拔尖学生与其他师生一道，组织开展了丰富多彩的党团活动，真正做到"走向深海、走向大洋、实践出真知"。通过特色"海丝党团课"、"一分钟海洋"微团课、唱响红歌、劳动实践等多种方式，同学们了解了中华人民共和国成立以来我国海洋事业的蒸蒸日上和海洋科研的发展过程。同学们纷纷表示，要珍惜当下的科研机会，传承海洋人的精神，争取取得更好的成绩。最后，来自不同国家、高校的师生在南海齐唱《厦门大学校歌》，中国籍师生开展了由中国广播电台发起的"我与国旗同框"活动等，沿着海上丝绸之路，将海洋魅力、厦大精神和中国文化带向世界。

沿着海上丝绸之路，"海丝学堂"项目不仅成为连接厦门大学本部与厦门大学马来西亚分校 2 个校区的重要纽带与交流平台，为推进"一带一路"文化科教融通共进做出了积极尝试，而且给拔尖学生提供了更广阔的舞台，极大提升了他们的实践能力，增加了拔尖学生与国际学生交流的机会，并帮助他们切身理解维护人类共同的"深蓝家园"、构建海洋命运共同体的重要意义。通过配备先进的科考

"海丝学堂"项目学生开展专业思政活动

船，开展海上教学实习与培训，变单一的知识灌输为"眼见为实"，极大地提升拔尖学生的科研思维和科技实践能力，助力海洋科学卓越人才培养目标的实现。

未来，"海丝学堂"项目将继续承担多学科海上综合考察任务，开展海洋科研和教学实习以及开放、合作的海洋科学教育访问等活动，以"海上厦大"之名，支持厦门大学"海洋科学"拔尖学生以及其他中国海洋科学卓越人才的培养计划，打造享誉海内外的海洋科学综合实践平台。

（2021年7月）

IACUB模式：历史学本科拔尖人才跨学科培养路径探索[①]

华东师范大学历史学系

梁　志、王铭禹、王思蕊、陈妍童、陈书琦、李欣颐

摘要：斯坦福大学基于工科跨学科学习提出了知识孤岛—了解—欣赏—理解的路径。作为对该路径的改进，华东师范大学历史学系拔尖班导师组提出了知识壁垒—意愿—理解—借鉴—反哺的 IACUB 模式，并在此基础上设计且初步实践了跨学科讲座—跨学科短课程—跨学科课程—跨学科课程群"四步走"策略。

关键词：新文科；历史学；拔尖人才；跨学科培养

2018年8月，中共中央正式提出"高等教育要努力发展新工科、新医科、新农科、新文科"。次月，教育部发布《教育部关于加快建设高水平本科教育　全面提高人才培养能力的意见》，决定推行"六卓越一拔尖"计划2.0。自此，新文科建设以"六卓越一拔尖"计划2.0的形式落地。其中，基础学科拔尖人才培养是新文科建设的重要抓手。新文科建设应该遵循跨学科路径几乎成为学者们的共

---

① 本文系华东师范大学历史学系"思勉班"首批师生共同研究项目成果之一，亦属于2021年度教育部基础学科拔尖学生培养计划2.0研究一般课题"'新文科'视野下历史学拔尖学生综合素养提升研究"（课题编号：20212036）、2021年度教育部新文科研究与改革实践项目"基于新文科建设的文史哲人才培养体系的重构和路径探索"、华东师范大学教学改革与研究项目"'新文科'理念下历史学拔尖人才培养路径的研究与实践"与"利用第二课堂提升历史学本科人才实践能力的探索与研究"的阶段性成果。

识，甚至有学者提出不仅仅要实现跨学科，最终还要走向超学科。[1, 2]具体到历史学，跨学科研究的必要性则较很多其他学科更为突出。"历史研究是一切社会科学的基础"，具有天然的学科交叉性质。审视近几年中国历史学在国际学术界所处的位置，可以发现，考古学的国际学术合作最为频繁，国际影响力也最高，原因之一便是考古学研究的跨学科属性最为明显，光谱、同位素、植硅体、微型CT分析等大量科技元素得到交叉运用。[3]换言之，中国历史学获得国际同行认可并产生国际影响的重要手段便是跨学科研究。这一结论与新文科建设理念相契合，并对历史学本科拔尖人才培养提出了跨学科要求。

在深入观察5P学习实验室（People-，Problem-，Process-，Product-，Project-Based Learning Lab）建筑—工程—施工（Architecture-Engineering-Construction）专业学生跨学科实践学习的基础上，斯坦福大学的弗鲁赫特（Renate Fruchter）、埃默里（Katherine Emery）两位学者分析，跨学科学习是一种从知识孤岛到理解的历程，即从知识孤岛（Islands of Knowledge）（学生虽专精于所学专业领域，但没有与其他学科接触的经验）到了解（Awareness）（学生认识到其他学科研究的目标及局限性），再到欣赏（Appreciation）（学生开始建立其他学科的概念框架，有兴趣了解并认同其他学科的目标与概念，且能够提出相应的疑问），最终走向理解（Understanding）（形成对其他学科的概念性理解，能够使用其他学科的话语进行跨学科讨论，以达到彼此间沟通的效果）。[4]

应该说，弗鲁赫特和埃默里提出的模式具有一定的可验证性与解释力，在某种程度上有助于我们理解一般意义上的跨学科学习过程。但这项研究毕竟是基于工科的经验，且源于美国，相关结论未必适合中国的历史学人才培养。

有中国学者指出："大致来说，跨学科研究可以归纳为两种基本模式。一种是围绕问题的解决而集合不同学科力量，通过合作研究来共同解决问题的方式；一种则是立足一定学科领域而有意识地吸收或借用其他学科的知识与方法来拓展和深化该学科研究的方式。"[5]显然，斯坦福大学学者的研究是基于第一种模式，笔者拟针对第二种模式，在中国的现实语境下讨论历史学的跨学科研究，即以历史学为本体，利用其他相关学科提供的理论工具（概念与框架等）、研究路径和观察视角，丰富和更新本学科的认知方式和知识体系，反过来在这种交叉研究的过程中促进其他学科的"反思"和"自省"。

根据以上对历史学跨学科研究的界定，历史学人才跨学科学习的历程大体可以归纳为以IACUB模式（或者音译为雅各布模式）命名的5个节点：知识壁垒

（Intellectual Barrier）（拥有一定的历史学知识，但没有自觉汲取其他学科知识的意识）；意愿（Aspiration）（意识到跨学科学习对历史学研究的重要性，希望通过涉猎其他学科的知识来提高自己的历史学研究能力）；理解（Comprehension）（了解与历史学相关的其他学科的知识、理论和方法，对其功用和局限有所认识）；借鉴（Using for Reference）（有意识地在历史学研究中借用其他相关学科的知识、理论和方法，从而发现新的视角和议题）；反哺（Back-feeding）（在利用其他相关学科学术资源的基础上，发现该学科知识、理论和方法的局限性，并提出建设性的完善建议）。需要特别指出的是，5个节点之间的关系并非线性的，而是在总体上呈现螺旋式上升的态势。就学段而言，本科阶段可能完成的学习任务主要集中于第一个到第三个节点，硕博士阶段则重在向第四个甚至第五个节点迈进。

依据上述认知和判断，近两年华东师范大学历史学系依托"思勉班"（教育部基础学科拔尖学生培养计划2.0基地），在本科拔尖人才的跨学科培养方面设计并初步实践了跨学科讲座（"历史+"跨学科对话）—跨学科短课程（"史海新舟"跨学科讲堂、跨学科卓越大学生夏令营、跨专业野外实习）—跨学科课程（如"国际关系理论与冷战国际史""中国现代传媒与知识分子"等）—跨学科课程群"四步走"策略，旨在推动学生实现从"知识壁垒"到"意愿"乃至"理解"的飞跃。

下面，以初见成效的跨学科讲座和跨学科短课程为主，对上述跨学科教学策略的实践予以简要介绍。

2020年起，华东师范大学历史学系第一届"思勉班"导师组启动了"历史+"跨学科对话系列活动。此项活动旨在通过不同学科研究者之间的互动交流，展现两个或多个学科之间的相异与相通之处，引导同学们初步领略跨学科学习与研究的空间及限度，激发他们主动了解和获取其他相关学科知识的意愿。

第一期"历史+"跨学科对话活动以"相得益彰还是双峰并峙？——哲学史与思想史研究的对话"为题，邀请华东师范大学哲学系刘梁剑教授与历史学系唐小兵教授作为对话嘉宾。这次对话显示出，如果说哲学史的研究更多地关注思想本身，更多的是要抽离、跨越，那么思想史的研究更多的是要还原，将思想还原到具体的历史语境中去看它的衍生、凝聚和变异过程。但是，二者又是相通的。哲学史有时会直面当下的问题。哲学是一个非常抽象的、形而上的学科，现实议题则是非常具体的、形而下的问题，二者之间应该有一种"形而中"的连接，这大概就是其他学科所提出的根本问题。哲学家头脑中的观念是在不同时空下概念的运动，与他面对的现实处境有一定关联。思想史研究恰恰有助于揭示哲学家观念背后的历史语境。①

第二期活动以"殊途何以同归？——国际关系与冷战国际史研究的跨学科对话"为题，邀请华东师范大学国际关系与地区发展研究院万青松副研究员和历史学系梁志教授作为对话嘉宾。在两位学者看来，所谓"殊途"，主要是指学科发展与方法论的差异。国际关系研究、冷战国际史研究分属于政治学、世界历史两个一级学科，各自拥有不同的概念和知识体系。前者更加注重概念的提出与理论的建构，强调规律性和普遍性；后者更加注重史实的还原与因果关系的解析，强调独特性和偶然性。至于"同归"，则意指研究对象的高度重合性，即二者均致力于考察冷战时期的国际秩序变动和国家间关系变化。就这一点而言，国际关系研究为冷战国际史研究提供了一个"工具箱"，后者可以借用前者所提出的概念乃至理论框架从浩如烟海的档案文献中提取出一以贯之或普遍存在的线索和本质性特征。反过来，冷战国际史研究为国际关系研究提供了一个概念和理论检验的"实验室"，用以验证国际关系研究相关概念和理论框架的适用程度与适用范围。

"史海新舟"跨学科讲堂

假如说跨学科讲座偏重于理论引导，跨学科短课程的设置则倾向于培养学生的跨学科实践能力，而且一定程度上可以被视为跨学科讲座的后续环节。这里的"实践能力"不仅仅指动手能力，而且包含思考能力，特别是思维能力。跨学科短课程由"史海新舟"跨学科讲堂、跨学科卓越大学生夏令营和跨专业野外实习

---

① 此次对话的录音整理版刊载于2021年3月25日"澎湃新闻"之"思想市场"专栏《对谈｜相得益彰还是双峰并峙：哲学史与思想史研究的对话》（https://www.thepaper.cn/newsDetail_forward_11842414）。

3部分组成。

2019年，为了在世界史研究和人才培养中引入经济学视角，华东师范大学历史学系策划并开办了主题为"跨学科视野中的世界经济"的"史海新舟"跨学科讲堂，主讲人为华东师范大学经济管理学部郭晓合教授和李巍教授，采用的是短期、集中专题授课的形式。主讲人借助长时段的历史学视角阐释了国际货币体系的演进历程，并在此基础上介绍了汇率、货币国际化、国际收支、国际储备、国际资本流动、外债等经济学概念和现象。由于此次跨学科讲堂受到了同学们的普遍欢迎，2020年"思勉班"成立后，"史海新舟"跨学科讲堂被设为常设项目。考虑到基于地理信息系统（Geographical Information System，GIS）的历史地理可视化是目前国际数字人文研究应用的前沿和典型，第二期"史海新舟"跨学科讲堂的主题设定为"GIS与历史研究"，主讲嘉宾为四川大学中国西部边疆安全与发展协同创新中心/国际关系学院霍仁龙副研究员。讲授的内容包括GIS和地图学基本理论、如何利用ArcGIS软件进行数据处理与地图绘制、GIS应用典型研究案例"清代京杭大运河对江南市镇分布的影响"解读与分析。第二期跨学科讲堂既包含对GIS以及地图学基本概念和理论的介绍，又涉及矢量数据的下载、导入、处理与地图绘制的实践。在实践环节中，同学们均完成了"制作一幅家乡省份行政区划地图"的任务，初步掌握了利用ArcGIS软件进行数据处理与地图绘制的方法。与此同时，在探讨"家乡省份主要河流对聚落空间分布的影响分析"这一问题时，同学们应用ArcGIS软件中的多种分析功能，尝试运用量化思维方法。

2020年起，华东师范大学大夏书院利用所拥有的8家专业院系、17个专业的跨学科平台优势，启动了跨学科卓越大学生夏令营（ISCOS），力图打造一个跨学科卓越学子间合作学习的交流平台和一个师生共同研究性学习的成长平台。这也为"思勉班"学生提供了一个在第二课堂进行跨学科短期学习的机会。夏令营采用跨学科讲座与师生、生生研讨的方式。在两届夏令营的讲座中，营员们能够零距离接触"计算机科学+语言学""数据科学+教育学""文学+经济学""语言学+心理学""教育学+法学""历史学+国际政治学"等融合性跨"界"研究。不仅如此，来自"思勉班"的历史学营员还可以针对同一个跨学科课题同文学、语言学、法学、政治学等不同专业的营员进行探讨。这种师生和生生跨学科交流有助于"思勉班"学生领会相关学科的研究方法与思维方式，并尝试借鉴其他学科的视角重新看待历史学问题。

研究成果

不同专业联合野外实习是另一种跨学科学习方式。2021年,华东师范大学历史学专业("思勉班")与地理科学专业(地理科学学院拔尖班)师生联合前往新疆,主要是交河故城、天山一号冰川和天山天池实习考察。历史学和地理学尽管在研究方法和知识体系上存在明显差异,但也有诸多相通之处,如从不同的角度关注时间、空间和人。在此次实习考察中,"思勉班"学生以地域为观察中心,沿着时间的脉络,深入历史的时空场域,对河流区域人类文明发展、中国历史文化的空间运动和文化景观进行了深刻的思考。与此同时,也初步了解了相关的地理学知识,如天山的形成、地貌和构造,坎儿井的形成与结构,以及冰川、深水湖、盐湖研究的相关进展和技术。

历史学专业与地理科学专业师生联合前往新疆实习

为了确立实践—反馈—改进的长效机制,"思勉班"导师组多次通过问卷调查的形式了解同学们在跨学科系列活动中的感受和收获。调查显示,90%以上的学生认为跨学科系列活动"比较有帮助"或"非常有帮助",接近90%的学生认为自己对跨学科方法"有了一定了解"。至于"最大的帮助是什么",同学们的回答集中于意识到跨学科方法的重要性,领略了跨学科思维,了解了历史学和其他学科的关系,增进了对其他学科的了解,激发了对历史学和其他学科的兴趣,开阔了视野。关于今后在活动设计方面的改进,同学们普遍认为应该扩大到社会学、法学、文学等更多相关学科,增强它们与本系所开设课程的关联度,更多地从问题意识、跨学科方法论以及创新史学研究范式的角度切入,丰富学生的参与方式(特别是增加实践环节),加强师生之间以及不同专业学生之间的互动。总的来看，跨学科系列活动收到了预期的效果，绝大部分学生已经实现了从"知识壁垒"到"意愿"的跨越，正在迈向"理解"。

当然，以上探索尚处于初级阶段，未来还有很长一段路要走，要解决的难题还有很多，包括如何整合校内外力量组建跨学科教师团队、怎样兼顾学生们的不同兴趣、以何种形式开展跨学科研究实践等。

参考文献

[1] 赵奎英."新文科""超学科"与"共同体"面向解决生活世界复杂问题的研究与教育.南京社会科学, 2020(7): 130-135.

[2] 马骁, 李雪, 孙晓东.新文科建设：瓶颈问题与破解之策.中国大学教学, 2021: 21-25, 34.

[3] 华东师范大学中国哲学社会科学国际化研究前沿·历史学领域项目组.中国哲学社会科学国际化研究前沿·历史学领域报告. 2021.

[4] Fruchter R, Emery K.Team work:Assessing Cross-disciplinary Learning// International Society of the Learning Sciences. Proceedings of the 1999 Conferenceon Computer Support for Coll aborative Learning. Georgia:International Society of the Learning Sciences, 1999: 166-173.

[5] 汪志斌.历史学的跨学科研究及其创新意义.中华文化论坛, 2012(4): 65-70.

（2021 年 10 月）

基于积极教育理念的拔尖学生积极心理品质培养提升研究

——吉林大学实践探索研究成果

吉林大学

赵 山、王 瑞、何思彤

摘要：本文主要阐述吉林大学对基础学科拔尖学生开展积极心理品质培养提升研究，经过多年的研究实践，建成了"积极心理品质培养提升"体验式课程培养，形成了基础学科拔尖学生积极心理品质培养提升计划，构建了具有吉林大学特色的拔尖学生心理品质培养提升模式。

吉林大学（简称吉大）自2009年起被教育部批准进入"基础学科拔尖学生培养试验计划"，并于2010年列入国家教育体制改革试点项目。为确保拔尖计划人才培养质量，培养未来基础学科领军人物，学校一方面以传承大学精神文化为主旨，将试验班命名为唐敖庆班和匡亚明班，采取高标准、严要求的培养模式；另一方面对学生实行动态进出管理机制、阶段分流制度、免试推荐研究生制度。

试验班的学生普遍具有较高的学业水平，承载着更多国家和社会赋予的社会责任，也比其他学生承受着更多的学习和成长压力，心理健康状况尤其值得关注。2018年起，《教育部等六部门关于实施基础学科拔尖学生培养计划2.0的意见》（教高〔2018〕8号）等文件的明确指出：要加强素质教育，要培养志向远大、学术潜力大、综合能力强、心理素质好的优秀学生。吉林大学一直在积极探寻积极教育理念与中国本土文化的有效契合点，力争通过体证、体察和体悟的方式，引导拔尖学生深入感知、觉察、培养、提升自身的积极品质，研究构建具有中国特色的、适合拔尖学生的积极教育模式，以实现全面提升基础学科拔尖学生人才培养质量的目标。

自2013年开始，学校学生心理健康指导中心与教务处合作，以拔尖学生成长发展需求为导向，经过多年的研究实践，在基础学科拔尖学生心理素质培养上，基本形成了以培养、优化学生积极心理品质为目标，以提升学生协作领导能力、思辨创新能力、战略执行能力、自塑规划能力和应变抗压能力为重点的积极心理品质培养提升模式。

一、拔尖学生心理素质培养提升的探索历程

根据唐敖庆班从选拔、组建到实施培养的特殊性，学生心理健康指导中心与教务处协商，将基础学科拔尖学生的心理素质培养提升作为创新服务的重点，进行试点项目研究，逐步完善，逐步推广。

1. 总体设计阶段

学校于2009年组建唐敖庆班，2011年颁布了《吉林大学实施"基础学科拔尖学生培养试验计划"的若干意见》。于2012年，学生心理健康指导中心与教务处协商，开始筹划起草《基础学科拔尖学生心理素质培养计划》，确定项目化运行模式。

2. 试点运行阶段

2013年，学生心理健康指导中心着手对吉林大学《基础学科拔尖学生培养计划》工作方案中涉及的教学单位与学生开展心理素质培养提升指导专题讲座和体验式训练。2013年，学生心理健康指导中心何思彤老师为数学学院开展"'拔尖人才学生素质提升计划'之团体心理辅导"，为物理学院开展"我们是相亲相爱的一家人团体心理辅导"，向化学学院唐敖庆班学生作"出国期间的心理变化"专题讲座。

3. 优化发展阶段

2014年，学生心理健康指导中心筹备起草《唐敖庆班学生心理素质培养方案》，并申请了校级教改课题，对唐敖庆班学生积极心理品质进行初步研究，同时向唐敖庆班学生提供心理素质培养提升团体训练、专题讲座和音乐团体心理辅

导等。

4．深度研究阶段

2016年初，学生心理健康指导中心与教务处合作申报了教育部"拔尖学生积极心理品质提升研究"课题，并获批准立项。学生心理健康指导中心以全面实施"拔尖学生积极心理品质提升研究"课题为契机，设计了"积极心理品质培养提升"体验式课程，并组织实施教学。

5．推广辐射阶段

从试点运行到全面铺开，学生心理健康指导中心正在研究制订可操作性更强、培养面更广的拔尖学生积极心理品质培养计划，预计会向文科试验班、基地班等不同方向的拔尖学生推广，让更多的学生从中受益。

二、拔尖学生积极心理品质培养提升的目的和创新之处

吉林大学学生心理健康指导中心与教务处联合策划并开展了"拔尖学生优秀心理品质培养提升计划"（简称优尖行动计划）。学校致力于解读和实践该计划的核心要义，从优秀学生心理品质塑造和养成上精准发力，以全优的心理品质培养提升助力学生成才成功。优尖行动计划以提升学生协作领导、思辨创新、战略执行、规划发展和应变抗压能力为重点，进行总体设计，通过激励和调动拔尖学生的自觉性、主动性、积极性，让学生具有深刻的心理体验和感悟，帮助拔尖学生在学习和生活中更好地发挥自己的心理潜质。

基于这样的目的设计的"积极心理品质培养提升"体验式课程的创新之处在于，将课程从以"内容掌握"为中心转变为"品质提升"为中心，将培养的着眼点放在提升拔尖学生非智力因素上，设计互动课堂，以学生亲身参与体验、感悟为主，讲授为辅的新模式，让学生切实感受到自身心理品质的提升，并让学生相互见证彼此的成长过程。

三、拔尖学生积极心理品质培养提升的主要研究成果

1．编制了《大学生积极心理品质自评问卷》

2016年9月，编制完成《大学生积极心理品质自评问卷》，将其作为课题研

究的基础工具。调查问卷设置6个维度和24个积极心理品质，分别是：

a. 认知维度，包括创造力、好奇心、开放性、求知欲和洞察力；

b. 人际维度，包括真诚、勇敢、坚持和热情；

c. 情感维度，包括友善、爱和社会智慧；

d. 公正维度，包括公平正义、领导能力和团队精神；

e. 节制维度，包括宽容、谦虚、审慎和自律；

f. 超越维度，包括审美、感恩、希望、幽默和信念。

2019年，对《大学生积极心理品质自评问卷》进行修订，并公开发表了研究论文《多元文化视角下大学生积极心理品质自评问卷的编制》。

2. 设计了"积极心理品质培养提升"体验式课程

研发出了六大心理品质成长模块，分别针对积极心理品质的6个维度，设计了4个层次。4个层次分别体现在理论层、教学层、体验层和目标层。将心理学与生活方面的知识融入每个模块、每个层次当中，让同学们在有效互动中客观认识自身的意志、性格、抱负、信念、价值等非智力因素，从而调整自身在成长发展中需要历练的方向和方式方法，达到提升积极心理品质的目的。

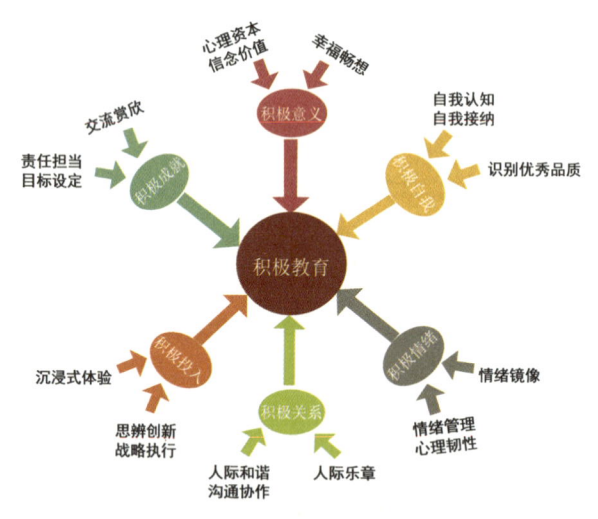

"积极心理品质培养提升"课程设计结构图

3. 打造了通识教育跨校联合大课"大学生心理健康"慕课

该慕课是由吉林大学牵头，与清华大学、北京大学、中山大学、南京大学、北京师范大学合作共建，整合全国心理教育专家学术资源，邀请名师名家走进课堂，利用新型教学技术，整合国内各高校优质心理健康教育资源，着力建设心理健康通识教育跨校联合大课。"大学生心理健康"慕课于2017年被教育部评定为首批国家精品在线开放课程。截至2021年底，全国有1033所高校、近419万名学生选这门课程。实现了教育优质资源共享、课程模式创新，提高了课程质量，优化了主渠道教育，成为全国高校创造可推广、可复制和可共享的优质平台课程。

4. 形成了研究论文和培养方案

结合多年教育实践，课题负责人赵山于2017年在核心期刊《中国高等教育》上，以第一作者的身份发表论文《构建大学生心理健康主渠道教育中国化模式》。该论文科学地审视了大学生心理健康主渠道教育面临的形势任务，定位了中国式大学生心理健康主渠道教育构建原则，积极创新了中国化大学生心理健康主渠道教育的主导模式。该论文获得吉林省第七届社会科学学术年会优秀论文奖。同时，结合吉林大学基础学科拔尖学生教育培养实际情况，形成了操作性较强的拔尖人才培养方案——《基础学科拔尖学生优秀心理品质培养提升计划》。

四、展望未来

积极心理学在我国学校教育中的应用在最近的5~10年取得了一定的成果，相关学术探讨日益增多。受其带动，我国教育界在这方面的教育实践体现出从学术介绍到观念认同，再到探索尝试的递进态势。随着理论的不断发展和完善，实践探索也呈现出良好的发展趋势。虽然我国积极心理学研究起步较晚，在学校教育情境下，结合积极心理学的发展趋势、经验以及研究成果，深入思考研究积极教育实践教学模式的时间还不长，但在全国各地已有初具规模的实践成果样例，相信在未来，这方面的研究实践会层出不穷，并会做出更多适应我国文化传统的教育实践调整与创新，更精准地实现全面提升基础学科拔尖学生人才培养质量这一目标。

（2022年1月）

数字经济时代经济学拔尖学生培养体系探索

中央财经大学

刘红瑞、李桂君、何召鹏

摘要：中国特色社会主义进入新时代，是我国经济发展新的历史方位，也是高等教育事业发展新的历史方位。构建面向数字经济时代的一流财经人才培养体系，是极其紧迫而现实的重大课题。中央财经大学数字经济时代经济学拔尖学生培养基地积极探索，立足中国特色社会主义实际，牢牢把握数字经济时代特点，明确在国际化和规范化的基础上，大力推进本土化和时代化，培养具备厚实的经济学基础、能引领数字经济发展的研究型人才和高级经济管理专家。

关键词：数字经济时代；拔尖学生；人才培养

以数字经济、人工智能为代表的新一轮科技革命，正以前所未有的速度从深层次改变着世界经济和人类社会。数字经济的跨越式发展使财经领域出现数字化、智能化发展趋势，财经行业的发展根基、发展模式、人才核心素养均将发生颠覆性变革。随着新一轮科技产业革命的来临和中国高等教育进入普及化的特定历史阶段，本科人才培养面临新的挑战。

中央财经大学作为党领导下新中国创办的第一所新型高等财经院校，始终从党和国家事业发展全局的高度出发，全面贯彻落实新时代党的教育方针，坚持立德树人，坚守财经报国理想，践行为党育人、为国育才使命，培养了各级各类高素质专门人才14万人，被誉为"中国财经管理专家的摇篮"。中央财经大学校长王瑶琪在接受《瞭望》新闻周刊采访时谈道：要致力于有坚实基础的财富创造，以及合理的制度激励与引导；既要让资源配置更科学有效，又要根植于贫困改善、对贫困者社会公平的保障中，让财富能为社会公共利益服务，真正造福于民。

中央财经大学数字经济时代经济学拔尖学生培养基地（简称拔尖基地）是国家首批基础学科拔尖学生培养计划2.0基地。拔尖创新人才培养是学校的重要任务。学校积极贯彻落实新时代全国高校本科教育工作会议和《教育部关于加快建设高水平本科教育 全面提高人才培养能力的意见》中关于"六卓越一拔尖"计划2.0的系列文件要求，秉持以育人育才为中心的发展思路，积极回应新时代中国经济学人的历史使命感觉与数字经济时代对财经人才的培养要求，力争成为新时代经济学拔尖人才培养模式的实验"先行者"。

一、培养什么样的人？

为加快形成高水平人才培养体系，教育部印发《教育部关于加快建设高水平本科教育 全面提高人才培养能力的意见》，决定实施"六卓越一拔尖"计划2.0。"六卓越一拔尖"计划2.0旨在构建具中国特色、世界一流的卓越拔尖人才培养体系，探索出一套人才培养的中国模式、中国方案和中国标准。

近年来，互联网、大数据、云计算、人工智能、区块链等技术加速创新，日益融入经济社会发展各领域全过程，各国竞相制订数字经济发展战略，出台鼓励政策，数字经济发展速度之快、辐射范围之广、影响程度之深前所未有，正在成为重组全球要素资源、重塑全球经济结构、改变全球竞争格局的关键力量。党的十八大以来，党中央高度重视发展数字经济，将其上升为国家战略，强调要充分发挥海量数据和丰富应用场景优势，促进数字技术与实体经济深度融合，赋能传统产业转型升级，催生新产业新业态新模式，不断做强、做优、做大我国数字经济。

数字经济对财经人才培养提出了新要求。中央财经大学注重财经特色，立足中国特色社会主义实际，牢牢把握数字经济时代特点，构建面向数字经济时代的一流财经人才培养体系，明确在国际化和规范化的基础上大力推进本土化和时代化，培养具备厚实的经济学基础、能引领数字经济时代发展的研究型人才和高级经济管理专家。一是引导学生面向国家战略需求、人类未来发展、思想文化创新和基础学科前沿，增强使命感、责任感，激发学术志趣和内在动力；二是掌握数字时代的经济发展规律和大数据处理能力,并能够创造性地运用所学知识解释新事物和新问题,认知新特点和新规律;三是掌握科学的经济分析方法,认识经济运动过程,把握社会经济发展规律,提高驾驭社会主义市场经济的能力。

为实现上述育人目标,学校成立拔尖学生培养基地管理委员会,全面履行推进落实教育部基础学科拔尖学生培养计划高校主体建设责任,创新拔尖学生培养模式,指导拔尖基地建设。拔尖基地在实行拔尖学生培养基地管理委员会领导下的主任负责制,并设置经济学拔尖学生培养指导委员会,将其作为拔尖基地人才培养重要事项的咨询机构。基地下设教研中心、交流中心、信息中心三个二级单位,共同服务以经济学拔尖基地班为依托的人才培养工作。

二、怎么培养数字经济时代拔尖学生?

拔尖计划 2.0 要求我们紧紧围绕新时代国家经济社会发展对高等教育,特别是对本科教育提出的新任务、新要求,顺应新时代本科教育改革发展的背景、定位、功能、结构、格局的变化,示范引领,率先领跑,以问题为导向,推进"四个回归"。中央财经大学通过加强课程思政建设、深化协同育人机制、加强质量文化,构建课程学习、导师引导、科研训练和社会实践等多维度、多层次、全方位育人体系,探索人才改革模式。

一是坚持立德树人,培养学生正确的人生观、世界观、价值观。把立德树人融入思想道德教育、文化知识教育、社会实践教育等各环节,把思想政治工作体系贯穿学科体系、教学体系、教材体系、管理体系等人才培养全过程。以理想信念沁润学生心灵,以学术底蕴滋养学生智慧,促进学生增强"四个自信",厚植爱国主义情怀。开展"启智润心"教育,创建"现代教学制"与"传统书院制"相结合模式,实现了从课堂到第二课堂的全面改革。多举措的创新领航活动有机融入立德树人的教育教学活动之中,促进学生"学而致知"进而自觉"经世济民"。

二是注重大师引领,以科学研究锤炼学生学术创新精神。强化学术科研能力的训练,连接专业教学与科学研究,重点培养拔尖学生的批判性思维能力,提升学生理解、运用、发展中国特色经济理论的能力和水平。实行校内校外联合导师制,开展个性化、研究性培养,促进学生释放潜能并获得发展;树立"以顶天立地的科学研究为引领,服务于国家经济建设"的远大理想。同时,注重为学生打好学科基础,使之在未来的科研、学习中拓宽视野,敢于尝试,不拘泥于学科限制,在不同领域进行多元化探索;鼓励学生用一流的知识和舍我其谁的态度肩负起引领社会发展和时代前进的历史重任。

三是重视学科交叉,强调经济学科与数据科学等学科的交叉融合促进,实现经济学理论与数据科学理论的有机融合。在经济学学科培养方案的基础上,聚焦现实需求,实行学科交叉,促进文理交融,融入数学、统计、计算机科学等核心课程,推动理论创新,培养出高水平的复合型拔尖经济学人才。

四是注重国际化培养,以多样化、多层次的国际交流活动为抓手,以常态化的国际师生交流活动为依托,以校院各级各类海外交流项目为平台,引进国际优秀教学资源。联合国内外高校、科研院所定期开展学术交流和学生短期访学交流,鼓励优秀人才到国际组织实习,推动经验互鉴,加强对国外优质资源的借鉴、吸收和再创新,拓展学生的国际视野。

五是注重知行合一,将经济学理论创新与中国经济建设实践统一于拔尖学生培养过程中。加强与政府部门和企事业单位合作,推进学生参与各类社会实践,重视学生实践能力和创新思维培养;引导学生扎根中国大地,促进学生主动把理论知识与中国实践紧密结合起来,进行本土化理论的创新和发展,提升学生对中国重大现实问题的理解和分析能力,不断提高学生服务经济社会发展的能力。

三、主要措施

在人才培养过程中,我们坚持"本土化、国际化、时代化、理论化",以科学研究锤炼学生学术创新精神。注重因材施教,实施"一生一师一方案"的精准培养,以"精细化、重特色、强创新、促融合"为原则,采取小班教学,投入高水平师资和高质量教育资源,扎实推进拔尖人才高质量发展。

一是邀请学界业界领航人参与教学,实现教学与科研在人才培养中的有机融合。推出"经世济民大讲坛"报告会,邀请国内外一流经济学家走进课堂;推出"首席经济学家进校园"活动,带来最专业、最前沿的理论和思想;将思想引领与人才培养相融合,引导学生关注学科发展历史和现状,思考真实世界的经济学问题。

二是创造性地采取校内导师(学术导师、实践导师)+ 国际导师的联合培养方式,开阔学生的国际视野。主动搭建中外教育文化友好交流的合作平台,加强国际交流合作,组建联合导师组,在课程体系建设中使用国际一流课程,比如课程"大数据在经济问题中的应用"中的资料主要来源于哈佛大学等国际一流学校。积极开展暑期小学期活动，邀请国际学者讲学。

三是夯实教学资源建设，引领时代前沿。为适应数字经济时代的要求，拔尖基地在经济学培养方案的基础上，精心设计全新的培养方案，增加数字经济、数据科学等相关课程占比。进入基地班后，学生要重点学习数字经济学、产业经济学、发展经济学、计量经济学、数理经济学、Python 大数据分析基础、机器学习、自然语言处理、经典原著研读、当代中国经济等课程。积极探索数字经济时代下中国特色经济学教材体系建设，组织教学团队编写"数字经济学"系列教材，并与互联网科技公司建立实践合作关系。拔尖基地联合相关单位举办首届"中国数字经济教育发展研讨会"，发起成立数字经济教育发展联盟，共同商讨如何应对数字经济对高等教育的挑战及数字经济时代高等教育人才培养模式的变革等。

四是打造经典读书会，全方位构建课程体系。构建"专家导读的读书会 + 学生自发的暑期读书会 + 经典著作研读类课程"三位一体的创新模式，开展通读、导读、对话等系列活动，联合推进、多方位加强经典著作的入脑入心。邀请国内外专家开展导读和参与研讨，激发学生精读经典著作的兴趣，引导学生带着问题读书，运用科学精神开展辩证思维。邀请专家学者参加"回到未来经典读书会"，为同学们提供展示读书成果的平台，增进读书动力。把"经典著作研读"做成必修课，提升读书成效。导师通过系统的教学活动教授和辅导同学们选择、学习各理论流派的经典文献，为日后从事研究工作夯实基础。

五是开设"明德通识讲座课程"，立德树人，启智润心。该系列课程是在"发挥融入式、嵌入式、渗入式的立德树人协同效应"的指导下，整体创新实践之一，是结合并发挥我国传统书院教、学、研、藏模式的优秀文化，精心设计的系列讲座课程。通过邀请国内外文化、哲学、社科、艺术、理工等领域的学术大家、创新领航者给学生带来经济学科外的多元教育，努力把学生培养为知识全面、视野广阔、教养博雅、人格完整的人，将"培根铸魂、启智润心"的"情怀教育"落到实处。

六是把实践教学与脱贫攻坚相结合，重视学生的实践能力培养。鼓励学生积极参加各类社会实践调研活动，"把文章写在中国的大地上"，实现理论与实践的统一；同时要求学生提升将所见所思回归到理论的能力，为从事研究工作夯实基础，培养其成为既能解读中国实践、亦能构建中国理论的经济学人才。

四、建设成效

经过不懈努力，拔尖基地荣获十余项教育教学荣誉。拔尖基地教学团队负责的"经世济民的经济学"课程获评教育部首批课程思政示范课；"宏观经济学"课件获评北京优质教材课件；"中外经济关系史"课程获评北京高校重点优质本科课程；"政治经济学"课程荣获北京高校教书育人"最美课堂"一等奖。团队教师获得"教育部课程思政教学名师""第四届北京市高等学校青年教学名师奖""北京市特级教师"荣誉称号等。拔尖基地师生共4人荣获教育部基础学科拔尖计划2.0荣誉奖4项（优秀教师奖1项，优秀管理人员奖1项，优秀学生奖2项）。目前，拔尖基地已经建成一批经济学类的优质品牌课程，编写并出版了《世界经济概论》《国民经济管理》《中国金融业发展研究》等多部教材和专著，深受师生好评。

在人才培养过程中，拔尖基地制订了更加符合数字经济时代背景下的培养方案，并且大力支持师生参加高层次的学科竞赛活动，充分发挥以赛检学、以赛促学的作用，多位拔尖学生在竞赛中获得佳绩。同时，拔尖学生有多篇学术论文获得导师和专家评审组的好评。拔尖基地还重视学生的实践能力培养，师生共赴脱贫攻坚与乡村振兴一线，使学生更直观地认识中国乡村经济发展的生动现实，体会到问题导向研究的内涵和田野调查对经济学研究的重要意义，深层次体会传承革命精神和经邦济世的使命，融入生动的乡村经济振兴中。

（2022年4月）

面向数字经济的计算机科学拔尖人才培养探索

哈尔滨工业大学

王宏志、史 宁、邬向前、袁永峰、付立君

摘要：哈尔滨工业大学从教学理念、培养方案、教学实践体系三个方面，对基于大数据、人工智能、计算生物学、物联网工程等数字经济支撑技术方向的计算机科学拔尖人才培养进行了积极探索，以期为其他高校开展面向数字经济的计算机科学拔尖人才培养提供参考。

关键词：数字经济；计算机科学；拔尖人才培养

在国家数字经济战略中，创新型拔尖人才起着至关重要的作用。在技术层面，大数据、云计算、物联网、区块链、人工智能、5G通信等新兴技术都是数字经济的支撑。[1]为主动应对新一轮科技革命与产业变革，支撑数字经济国家战略，需要培养一批能够引领数字经济支撑技术革命的拔尖创新人才。在面向数字经济支撑技术专业群的拔尖学生的培养过程中，如何潜移默化地培养学生的科研能力？如何实现拔尖学生学习在深度、广度、厚度方面的平衡？这些是我们亟需解决的问题。

哈尔滨工业大学（简称哈工大）从教学理念、培养方案、教学实践体系三个方面，对面向数字经济的计算机科学拔尖人才培养进行了积极探索：提出了以"全域贯通，知行合一"为特征的教学理念；提出了"思维与科学素养训练、大类专业基础训练、细分专业核心科研能力培养、综合科研能力实践"四阶段式数字经济支撑技术专业拔尖人才培养方案，并建设了一批面向数字经济支撑技术方向多知识域融合型新课程；提出了科学研究贯通的全域教学实践体系。

一、"全域贯通，知行合一"教育新理念

通过对国际先进教育理念，如 MIT（麻省理工学院）"新工程教育转型"、Stanford 大学（斯坦福大学）"开环大学"、欧林工学院"产教融合"等进行深入研究，结合 OBE（基于产出的教育），我校提出了"全域贯通，知行合一"的教育新理念：以拔尖学生发展为中心，通过"全域贯通，知行合一"，将科学研究全面融入拔尖人才培养全过程，实现高校人才培养、学科建设、科学研究三者之间的协同与互动。"全域贯通，知行合一"是应对新时代教学目标多元化和拔尖人才需求个性化的特征，以学生发展为中心，通过理论、技术、实践教学的交叉并行与快速重构，以及跨校跨界教育资源的高效协同，实现科学研究知识学习与科研能力提升的多阶段进步，具有高度灵活性、动态适应性的一种教育理念和教学形态。

以算法类课程为例，如下图所示，通过"数据结构与算法""算法设计与分析"两门专业基础课（前者注重思维培养，后者注重科研实践），辅以不计入学分的自主研讨，训练同学们的算法设计分析技能，开阔同学们的视野。"全域贯通"要求在课堂教学中就注重科研内容的融入，将课程内容动态化，在保持课程

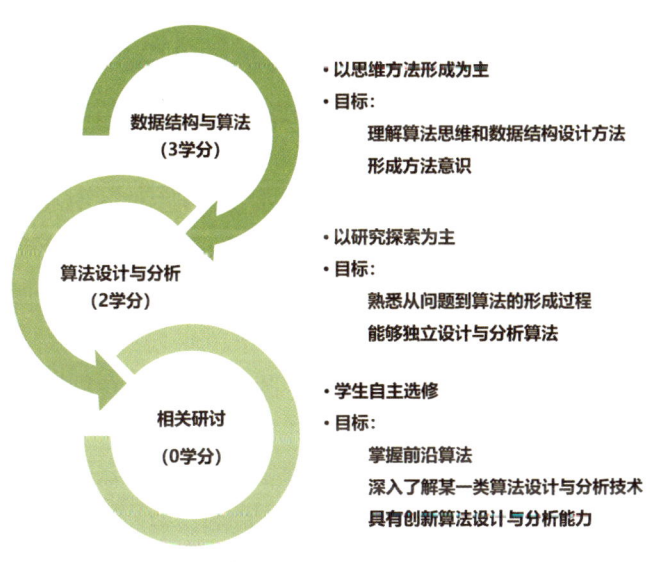

算法类课程设置

总体框架不变的情况下，根据国际先进研究成果，对课程内容进行持续性更新，帮助拔尖学生了解一线研究水平。[2] 推行研读前沿论文等自主学习式作业模式，以科学研究的形式强化理论课程的实践环节，提高学生的实践能力和创新能力。循序渐进，逐层深入，合理促进最新科研成果转化为实验实践教学内容，从而让整体教学环节和内容得到进一步的丰富、优化，真正做到"知行合一"。让学生的实践能力和创新能力切实得到精进，培养出来的人才方能更好地服务于社会。

"全域贯通，知行合一"教学强调真正地以拔尖学生为中心，因材施教，强调"人才是根本，学科是基础，科研是支撑"，强调将知识型课程重构为能力型课程，在拔尖人才培养各阶段全方位进行科研能力培养。充分利用科学研究项目资源，瞄准国家主要战略方向，遵从高等教育规律，以立德树人为根本，以科教融合为指导方法，坚持五育并举，激发学生内生动力，丰富计算机学科拔尖学生培养教育资源，创新拔尖学生教育形式，构建基于科教融合的拔尖人才培养体系。

二、四个阶段式拔尖人才数字经济支撑技术专业培养模式

当前课程体系存在以下几种典型问题。

（1）传统工科拔尖人才培养体系面临着科技革命的新挑战，课程体系固化，不体现最新研究成果，多介绍性课程而少深度性课程，不新不深。

（2）产业转型升级对数字经济支撑技术创新人才的知识能力素质提出新需求。课程实践环节仅以验证课堂内容为主，缺少对批判精神的培养，缺乏学术引领，创新力培养不足。

（3）数字经济支撑技术的发展呼唤人才培养新主体的加入。如何满足拔尖学生的学习需求、如何适应"学生学习目标需渐进式优化"、如何满足"学生希望适应快速变化的世界"这些问题都要求对数字经济支撑技术专业拔尖人才培养模式进行改变。

原有的分层累进式培养方案（参见下图）以知识型课程为主、能力型课程为辅，传承哈工大传统——"重基础、软硬平衡、略偏硬件"。以"知识领域"划分课程，具有相对稳定与成熟的专业核心课。不同学校/专业培养方案的差异性主要体现在课程的开课学期变化和对课程重要度的认识。通才培养侧重计算机数学理论类课程及跨学科课程教育；专才培养侧重或硬件、或软件、或智能类本专业

课程教育；通专结合相对平衡地选设不同类别课程。即使每个知识领域都很重要，但跨知识领域的衔接是体现系统能力的重要方面。

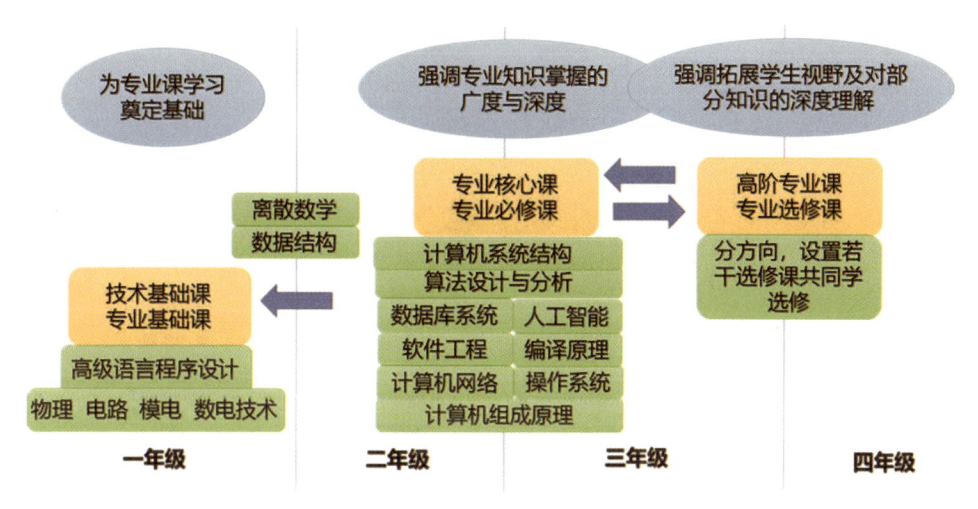

数字经济支撑技术专业群培养方案的传承与发展

为支持拔尖学生由模糊目标向精准目标的进化式学习，逐渐提升科研能力，对标国际顶尖大学教学计划，从原有分层累进式培养方案出发，形成并实施四阶段式计算机大类数字经济支撑技术专业培养方案，使学生可以从模糊目标逐渐清晰化为精准目标。将知识型课程重构为能力型课程，破解知识膨胀难题；将课程级先后修重构为微课程级先后修，实现课程交错，破解培养周期过长难题。如下图所示，围绕"计算科学"，四个阶段分别为：第一阶段强调"思维基础"；第二阶段强调"研究基础"，面向大类专业实施；第三阶段强调"研究能力"，在细分专业（方向）实施，"下移"了传统专业课程，"腾出"了教学空间，引入了新知识库，新增了专业（方向），强化了"该新则新、该深则深"；第四阶段强调"科研创新"，通过基于科研的选修课、创新实践课程和毕业设计，完成科研创新。该体系兼顾厚度、深度和广度的平衡。

细分专业采取统一框架，每个细分专业（方向）由每个学期1门、3个学期共3门专业核心课程来完成。3门专业核心课程有12个学分，强化课程学习与科学研究的有机融合，为学生从低起点向高落点发展搭建学习阶梯。该框架可以依据需求，灵活调整专业方向，有效解决原课程体系中存在的问题。

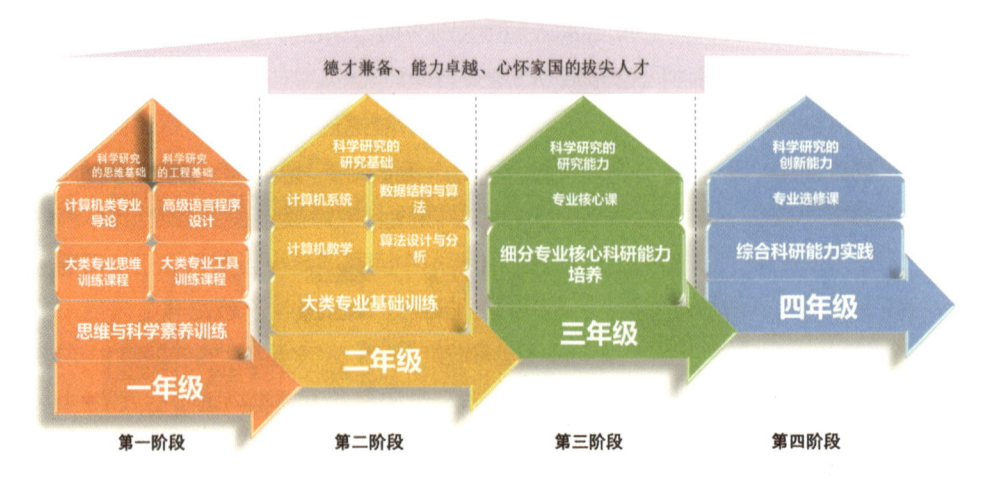

四个阶段学习过程

为强化"方向课程"建设，进行了提升改造，将课程学习与项目实践结合，使其由任选课提升为核心课。为"腾出"教学空间，引入新理论新技术，对原方案中的专业核心课进行跨知识域的融合整合，形成大类基础课程。围绕国家数字经济支撑技术战略，优化专业方向设置，提前布局数字经济支撑技术专业方向，如下图所示。

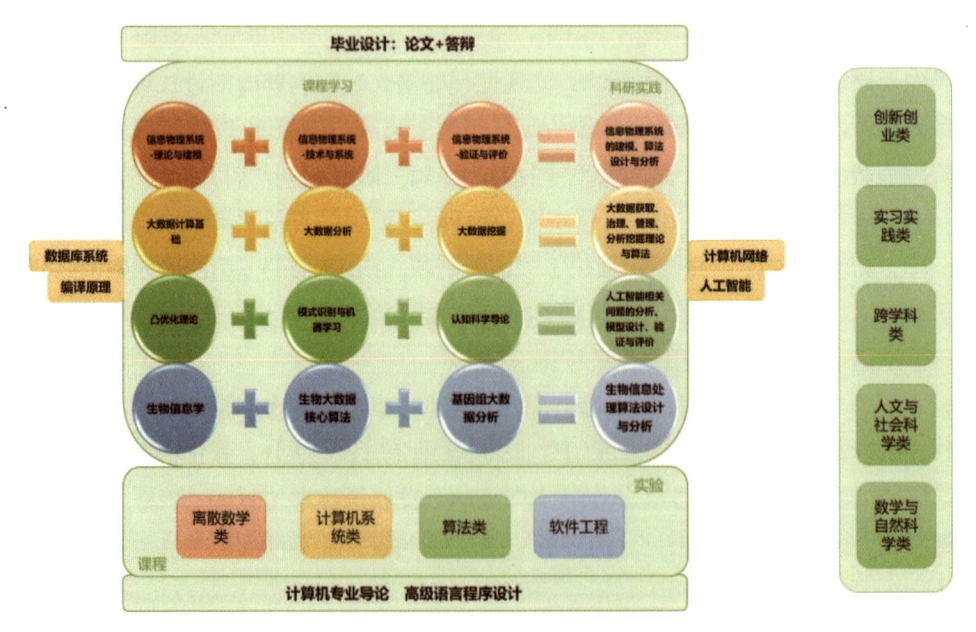

新版数字经济支撑技术专业群培养方案

如下图所示，我们正在建设更加开放的课程体系。学生自主选择所修习的专业课程，通过在线课程以及校内考核达到相应专业毕业条件后，则可以获得该专业的学位证书。在各方努力下，目前已建成一批在线开放课程，同时完成跨专业能力测试认证中心及数字经济支撑技术专业创新工场建设，跨专业协同教学中心正在建设中。

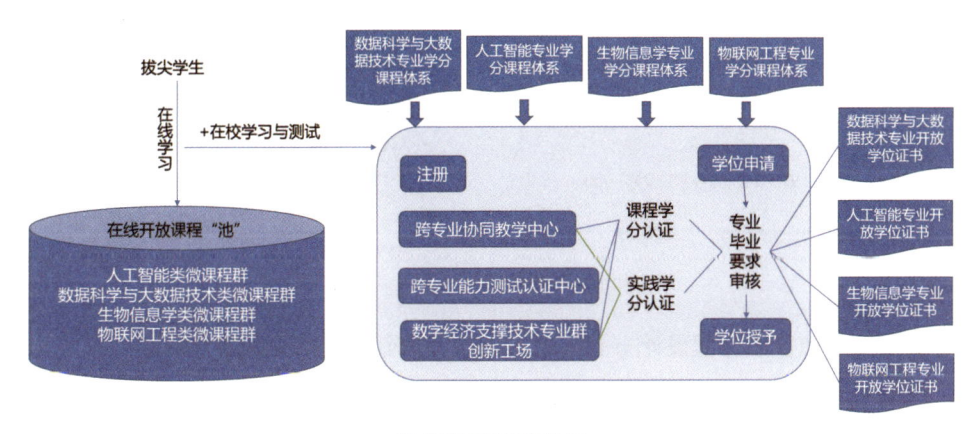

开放教育的课程体系

三、分方向系列融合型专业核心课程群设计与实施

为更好地贯彻专业核心能力的深度培养，提出聚焦科学研究能力培养的专业核心课程设计新方法，建设融合型新方向课程群。面向数字经济支撑技术专业群，对传统专业课进行重构，强化跨知识域融合，实现从知识型课程向思维与能力型课程转变。[3] 依据产出目标，导出课程内容和实验内容，强化"搭梯子"，使学生由低起点到高落点。提出聚焦核心能力培养的专业课程设计新方法，重建新方向厚度课程＋细分专业深度课程＋专业任选广度课程系列课程，达到有限学时内的厚度—深度—广度的均衡。

首先确定专业方向拟解决的科研能力提升的目标，例如，由"能够独立完成重大科研项目中的子课题、子项目"这一目标反推出其所需要的理论、技术、方法和开发环境与工具，再进一步将这些内容分解到各门课中，在拔尖人才培养各环节注意科研方法的渗透，将最终的科研能力提升过程拆解成自主探究型大作业、大创项目、毕业论文等各环节。不同课程类别的不同教学方法如下图所示。

```
高年级                                    ● MIT-课程教学方法与学时安排示例
       CIM: 强交流模块                    ● 重要的专业基础课
       WIM: 强写作模块                    Lectures(教授-大班讲授100人/班) + Recitations(讲师-小班复
          自我学习+终身学习+表达与交流      习30人/班) + Tutorial(研究生/高年级本科生助教-习题课5人/
      ● 自主探究课程:自我研究+ CIM/WIM     班) + Lab(实验教师-实验室)。
          扩展专业视野+专业文献综述         ● MIT重要的专业核心课
课    ● 视野拓展&跨学科课程:师讲+专业文献    Lectures(教授-大班讲授100人/班) + Seminars(讲师-研讨30人
程        理解与掌握+应用                 /班) + Lab(实验教师-实验课)。
      ● 知识覆盖型课程:师讲+实验           示例:MIT6.004: 4-0-8 (Lecture-Lab-Recitation)
          能够做出来+未有(创新)+科学研究问题+表达
      ● 核心能力课程:师讲+项目+项目研讨+ WIM   ● UCB-课程教学方法与学时安排示例
          能够理解+已有+科学研究问题       ✓ CS61A- _THE STRUCTURE AND INTERPRETATION OF
      ● 基础能力课程:师讲+复述/辅导+实验      COMPUTER PROGRAMS (4 UNITS): lecture-3hrs + lab-
          能够思辨+方法论                    1.5hrs + discussion-1.5 hrs.
      ● 通识课程:师讲+通识文献+思辨         ✓ CS61 B- -DATA STRUCTURES (4 UNITS): lecture-3hrs +
                                             lab/discussion-3hrs
低年级                                    ✓ CS61C- -MACHINE STRUCTURES (4 UNITS): lecture-
      知识(师讲)+能力(生学)+素质(潜移默化)    3hrs+online 2-4 hrs+ lab 1 perweek + 4-5 two-weeks
                                             long projects.
```

不同课程类别的不同教学方法示意网页

按照专业核心课程设计方法,项目组重构或新建了数据科学与大数据技术人工智能、物联网工程、生物信息学等 4 个方向的 12 门系列课程。

以数据科学与大数据技术方向系列融合型专业核心课程设计为例,在充分调研国际顶尖大学计算机科学方向课程体系的基础上,结合人工智能、大数据、互联网/物联网等新技术对计算机科学的新要求,确定将随机过程与随机建模、概率分析与数理统计、高级算法设计与分析、计算理论基础等相关知识作为计算机科学方向的学习内容,新建大数据计算基础、数据挖掘、大数据分析 3 门融合型专业核心课程,让学生逐步体会科学研究的乐趣。大数据计算基础和大数据分析 2 门课程各配置了 24 学时实验课程,布置前沿论文驱动的自主学习式作业,以科学研究的形式强化理论课程的实践环节,提高学生的实践能力和创新能力,为拔尖学生提供近距离接触、体验科研的机会。

四、打造全域贯通型教学实践体系

我校提出了一种面向提升拔尖本科生科学研究能力的创新驱动、前沿引领的全域贯通型教学实践体系,将科学研究能力培养的要求分解到相应教学过程的监控环节(见下图)面向复杂科学问题求解,将能力培养要求分解到相应教学过程各环节,明确各环节相互协作的执行主体,由各执行主体负责评价与持续改进建议,并监督实施。[4]

研究成果

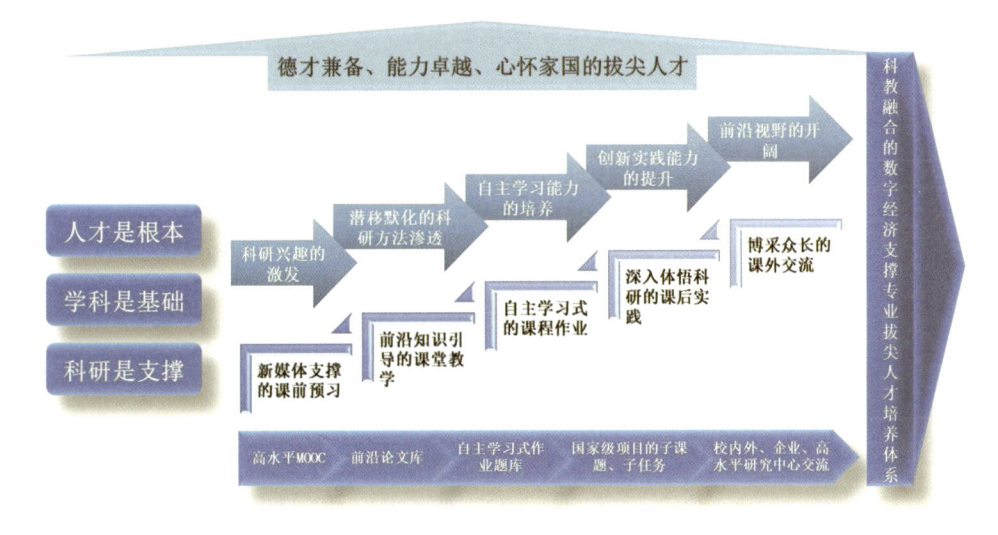

全域贯通型教学实践体系

以资深教师自身科研经历为引导，从科学研究过程中的必需知识出发，总结、提炼本专业拔尖人才需要掌握的知识，充分利用高校特有的科学研究资源，以培养科学研究所需要的能力和知识为主导，精炼成四阶段式拔尖人才数字经济支撑技术专业培养方案。使用高水平慕课（MOOC）等新媒体资源，营造良好的学习氛围，激发学生学习兴趣，在课前预习环节打好基础。在面向拔尖学生的课堂教学中，注重科研方法、科研内容的渗透，潜移默化地培养学生的科研能力。[5]基于国家级真实项目，设计符合本科拔尖人才培养的子项目、子课题，注重因材施教和学生"五种能力"的培养，鼓励拔尖学生作为科研主体参加科研实践，体会理论知识转化和融入科技创新的过程。[6]通过与校内各学院、高校、企业、高水平研究中心的交流，开阔学生视野，增加学生对前沿知识的理解。大力扶持科创俱乐部，增进学生课后交流，开垦科创沃土，激发学生科创热情。

五、培养成效

1. 专业实力不断增强

主持10项教学研究项目。发表8篇教研论文。完成4个新版培养方案，已在2016级至2021级6个年级实施（约600人）。新建或重构4个方向系列12门专业核心课程，已在2020级和2021级2个年级实施（约2600人）。其中，数据科学与大数据技术方向，于 2018 年获批新专业，6 门课程被选为首批 ACM 数据科学示范课程，2021 年软科排名全国第一。自然语言处理、视听觉信息处理 2 门专业核心课程被教育部中外人文交流中心选中，在我校开展了为期 4 天的"中国高校人工智能人才国际培养计划——2019 高校人工智能教学研讨班"，培训 41 所高校的 50 余名教师，同时，基于上述成绩，2019 年获批成立"人工智能"新专业。1 人获教育部拔尖人才培养计划 2.0 优秀管理人员称号，1 人获教育部拔尖人才培养计划 2.0 优秀教师称号，1 人获教育部基础学科拔尖学生培养计划优秀导师奖，1 个案例获评教育部基础学科拔尖学生培养 2.0 创新案例。

2. 教学资源逐渐丰富

新出版 10 部教材。其中，《大数据算法》获黑龙江省高教学会教学成果一等奖；《大数据清洗技术》入选"十三五国家重点出版物出版规划项目"；《大数据分析与挖掘》（教育部高等学校计算机类专业教学指导委员会—华为 ICT 产学合作项目）被国内 30 多所高校作为教材使用，反馈良好；《掌纹识别技术》已成为包括哈工大在内的多所高校的生物特征识别或图像处理相关课程的参考教材。建设了 1 批 4 门 MOOC。其中，国家精品在线开放课程 2 门 [大数据算法、高级语言程序设计（Python）]，省级精品在线开放课程 1 门（算法设计与分析）。

3. 创新能力显著提升

卓越科创型人才不断涌现，70 余人次获得省级及以上科技竞赛奖励。先后指导 100 余项大学生科技创新项目，其中，20 余项获国家级科创项目资助，10 余项获腾讯大学生创新实践项目等项目资助。指导学生作为主体参与科研，发表高水平学术论文超过 80 篇，7 篇获评校百优本科论文，多人获得 IBM 优秀学生奖学金、李昌奖学金和国家奖学金。建设大数据计算未来科技创新团队等科创团队，累计培养学生 600 余人。鼓励拔尖本科生积极参加图灵大会等交流活动，开展学术沙龙、学术讲座、创新讲坛等学术交流活动 60 余次，参与学生 800 余人次。在各类教学研讨会议、导教班上作教学体系、教学内容、教学方法和双创教育类报告 20 余场，培训师资 800 余人次。

六、结　语

以信息技术为代表的高新技术突飞猛进，以信息化和信息产业发展水平为主要特征的综合国力竞争日趋激烈。面对科技产业的迅猛发展，我国创新型国家发展建设不断推进，还需要各方携手共进，培养出更多满足未来新兴产业和新经济需要的实践能力强、创新能力强、具备国际竞争力的高素质复合型"数字经济支撑技术"的拔尖人才。

参考文献

[1] 唐姣美. 数字经济时代商科人才培养产学研融合模式创新探讨. 科技与创新，2021(19): 31-32.

[2] 卢晓东. 新时代教育科学研究中的"科教融合". 中国高等教育评论, 2020, 13(2): 9-14.

[3] 王秀梅，胡蝶，房静，等. 工程训练中心利用多学科综合优势开展创新教育的探索实践. 实验技术与管理，2018,35(2): 6-9.

[4] 王宏志，史宁，邬向前，等. 计算机学科科教融合拔尖人才培养. 计算机教育，2022, (2): 9-12.

[5] 蒋宗礼，赵一夫. 谈高水平计算机人才的培养. 中国大学教学, 2005(9): 24-27.

[6] 史静寰，黄雨恒. 本研一体，科教融合：研究型大学提高人才培养质量的重要途径. 高等理论教育，2020(3): 29-34.

（2022 年 7 月）

拔尖创新学生选拔机制的研究与实践

吉林大学

王 瑞、迟 晶、陈 铎、王绍玲

摘要：如何深入推进拔尖创新人才培养是当前我国提高自主创新与自主研发能力、建设创新型国家的关键环节，是实施人才强国战略的重要内容。2015年，国家出台"双一流"整体建设方案，拔尖创新人才培养工作被明确列入方案中。作为承担拔尖创新人才培养主体任务的高等学校，能够早期发现、早期培养具有创新潜质的人才是开展创新型人才培养工作的前提，制订相关政策并采取有效措施发现人才是当前我国高校拔尖人才培养工作的重中之重。

关键词：拔尖创新学生；选拔机制；多元化

一、理论研究

1. 问题的提出

（1）创新型人才的早期发现、选拔与接续培养是一以贯之的。如何发现人才对不同阶段的学生选拔和培养来说都是极具重要意义的环节。发现人才是培养人才的先决条件。对于基础学科来讲，寻找具有科研潜力的学生并不容易。为保证人才不被埋没，需要有"伯乐"去发现，然后为其创造有利于其成长的土壤和水分，促进其茁壮成长。传统的在少数人中进行人才选拔的方式已经越来越难以适应高速发展的国家对创新型人才的需求。如何做到在较广范围内高质量、高效率地选拔所需人才是高等教育工作者始终在探索的问题。拔尖创新人才的选拔标准亟需优化，亟须相关领导部门和组织进一步完善选拔理念，构建和完善相应的制度，进而进行创新性的人才选拔。

（2）我国现行的高考选拔制度，在一定时期内对优秀学生的选拔评价起到积极的引导作用。但随着科学技术及社会发展的不断进步，传统的单一考试选拔制度已经不能适应国家、社会、高科技对拔尖创新人才选拔的需要。作为高考之外的新型考试模式，无论是现在的拔尖计划，还是以前的自主招生，其目的都是通过自主灵活的考核方式，录取一些具有学科特长的学生，通过有针对性地因材施教培养，使之成为社会发展和国家进步所需要的拔尖创新人才。经过十多年的试点，现在我们发现无论是哪种方式，在制度设计层面和具体操作层面都存在需要优化之处。

（3）我国中等教育与高等教育的衔接和选拔评价断层明显。在我国，中学和大学之间存在很大程度上的断裂，这种断裂是几十年来逐渐积累而成的。如果缺乏有效的人才选拔机制和大中学校衔接机制，会严重破坏教育的连续性和递进性。在基础教育阶段，尤其偏重对知识的记忆，这种机械性容易使没有进入大学的群体很快忘记以前学过的知识，而进入大学的群体又因为思维的局限性难以获得学识和研究的进一步突破，不能满足大学对人才培养创新性的需求。因此，构建科学、合理的人才选拔机制能够在很大程度上改变这一现状。实施多元化、多标准的立体人才选拔方式会在一定程度上打破中学和大学存在的知识广度、深度方面的壁垒，实现教育体系向一体化贯通式的可持续发展。

2．问题的改进措施

以我校拔尖计划理科试验班唐敖庆班为例，经过十多年的探索和建设，不断对学生成长过程和影响因素进行跟踪、调查，已经初步探索出一条拔尖创新人才培养学生多元化选拔机制的道路。

（1）借鉴人力资源管理的相关理论，构建基于人力资本理论的拔尖创新型学生的能力素质模型。先期以学校拔尖计划试验班为主要对象，通过调研分析，比较纵向（历史）和横向（各学科专业）的数据，初步构建拔尖创新学生的能力素质考查指标体系。

（2）组织开展多角度、多层次的调研活动。一是在高等院校层面，对国内相关高校的招生办公室、荣誉学院、试验班管理办公室开展调研走访，重点搜集拔尖创新型学生的成长轨迹和各校对这类学生的选拔、培养、跟踪、反馈等情况，力图发现影响学生学术"志趣"和毕业后选择的主要影响因素。二是去国内一些重点高中（以东北地区为主）开展走访调研，重点了解各中学的学术创新实践类活动的开展情况，对部分高中学生和教师进行访谈式调研，分析拔尖学生的特点，力图发现其早期成长规律，为后续研究奠定基础。

（3）借助中学生英才计划实施契机，抓住"高中生进大学"的机会，对该计划的整体情况进行系统梳理、分析、总结。对重点学生、重点导师和助教等开展访谈交流，跟踪调查。借鉴英才计划的经验，主动出击，在省内两所重点高中实施理科创新人才衔接培养项目，为中学和大学的衔接培养工作做好铺垫。

（4）坚持鼓励和引导师生投身基础、研究、学习，以"唐敖庆精神"为指引，立足基础、仰望星空。经过吉大4年的本科阶段培养，唐敖庆班学生整体表现出的"基础扎实、工作务实、为人朴实、作风踏实"的品格和良好素质获得国内外的一致认可。兰州大学李硕豪发表的《"拔尖计划"毕业生去哪里了？》一文统计显示，2013届至2017届吉林大学拔尖计划毕业生选择赴世界前50名学科读研的比例达到38.42%，赴世界前10名学科读研的比例达到了11.05%，整体表现较为突出。

二、跟踪调查

随着拔尖计划在我校实施超过十年，如何结合拔尖学生的自身特点，科学地对学生成长过程进行多维度调查和评价，以促进拔尖计划更深入的发展，不断提升拔尖学生的创新能力，已经成为一个重要的研究课题。课题组对各年级学生开展了大量跟踪调查，主要集中在以下几个方面：一是拔尖学生在成长过程中，受哪些家庭因素、社会因素和个人因素影响；二是在拔尖学生的成长过程中，不同时段的教师、朋辈的影响以及对课程的需求等；三是拔尖学生在成长过程中获得的优势资源、开阔的眼界等是否确实与其他学生有所不同。课题组向唐敖庆班已经毕业的学生和在读学生均发放了调查问卷。

我们在调查问卷中设计关于毕业后投身于科研的优秀本科生在大学的成长过程中受到的最重要的影响因素这一问题，得出的结果是（按数量由多至少排序）：独立思考和独立解决问题的能力，基础知识的积累，对科研的坚持、意志和毅力，科研思维的培养，创新思维和能力，科研兴趣的培养，科研方面的训练经历，老师正确的启发和引导，良好的道德品质和心理素质，与人合作交流的能力，自主学习的能力，科研精神的养成，科研素质的培养，开阔的视野和眼界，正确的三观塑造，朋友和恋人的支持，好奇心和求知欲，自信，明确的目标和规划，知识的广度和深度，科研成功的自豪感，自制力，动手能力，运气。

在众多的选项里得票最多的是"独立思考和独立解决问题的能力"。这对我们有很深的启发意义。什么是创新性思维方式？什么是创新性成果？什么是创新？我们认为创新就是对既有知识或者成果有分析性和判断性地接受或者存疑，只有不被动地接受既有知识，进行独立思考和辨别，才有可能有创新性的思维和思考方式。这不是一个新的论题，但创新性思维和独立思考能力的土壤是需要我们一直努力去培育的，没有适合的土壤，不能结出创新性思维的果实，但这个任务由大学来完成就太迟了。

统计显示，参与拔尖计划的学生对未来的人生规划有比较明确的想法，表现出比较强的社会责任感，对国际前沿的科技知识和对新知识的渴求很强烈，不畏惧有挑战性的事情，能够妥善安排自己的学习时间、休息时间和课外活动时间，更加相信自己的洞察力，遇到挫折也能够自动调节或者找到适当的渠道（比如进行心理咨询等）进行疏导。这些问卷调查的结果同样显示这些能力不可能在大学阶段才进行培养，而是在中学阶段甚至小学阶段就应该具有的了。如果把创新性的思维能力和动手能力留到大学阶段来培养，这是不太可能实现的任务。思维方式是需要从小就培养的，成年后很难改变。在大学可以继续打造可持续、综合、健全的创新性人才培养体系及育人环境，以适合拔尖学生的成长。

三、教育实践

1. 参考多元因素，选拔优秀人才

唐敖庆班设立了高考选拔、校内选拔、学年选拔、阶段分流等多角度、多层次的选拔和分流机制。2019年，学校通过自主招生等方式，一次性录取全国高中学科竞赛获奖者7人，以及高中参加国际基因工程机器大赛（International Genetically Engineered Machine Competion, iGEM）并获金奖的核心队员。

在校内选拔阶段，学校按照"选材不拘一格"的理念，多元评价学生学术潜质和综合表现。除采取开放的动态进出机制外，学校以入选中学生英才计划培养高校为契机，积极开展英才计划与唐敖庆班的衔接培养工作。仅2019年，就有6

名英才计划学生入选唐敖庆班；截至2020年末，在唐敖庆班就读的英才计划学生已达12人。

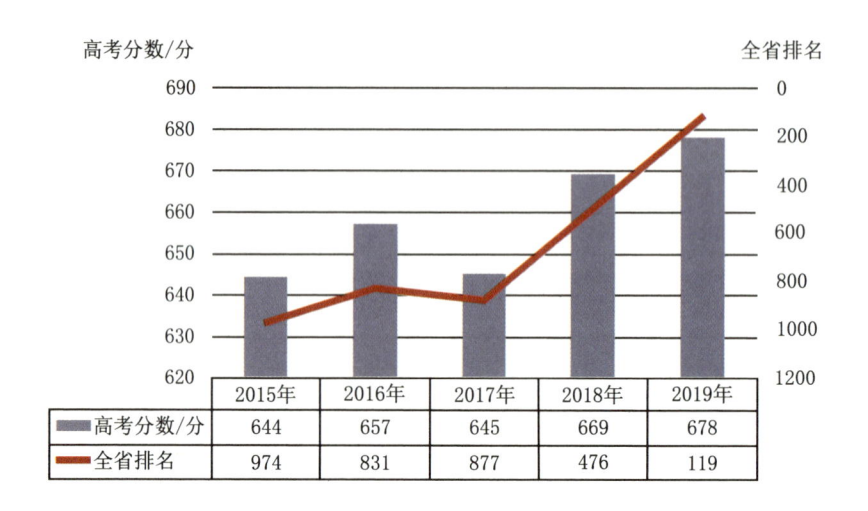

	2015年	2016年	2017年	2018年	2019年
高考分数/分	644	657	645	669	678
全省排名	974	831	877	476	119

唐敖庆班近五年高考录取一览（吉林省）

在唐敖庆班学生选拔方面，能发现具有学科禀赋、可塑性强的偏才、怪才，便于在后续培养中有针对性地因材施教。在2020级唐敖庆班学生选拔工作中，采用面试小组成员集体评议的方式，共有8名五学科奥赛国赛获奖学生、8名中学生英才计划学生不必参加笔试而获得直接进入面试的资格。笔试的试题设计重点在于考查学生的知识面及掌握程度，综合研判考生的逻辑思维、形象思维、创新思维和创新设计能力。综合素质测试（面试）则侧重于考查考生的心理健康状况、创新人格特征等。

2020级唐敖庆班学生招生选拔考试心理素质评测结果举例

性别	所在院校	报考专业	评价
男	材料科学与工程学院	数学	学术兴趣：较高，对知识有较高的兴趣。 成就动机：较高，表达出了对成功的渴望，希望能够证明自己。 人际关系：可以保持良好的人际关系，比较独立。 创造性：一般。 情绪状态：积极。 调节定向：有明确的未来的目标，在追求目标的过程中更关注有没有取得积极结果，更多地体验到与喜悦、沮丧相关的情绪

2. 促进英才计划、拔尖计划融合发展

吉林大学从 2013 年起便成为英才计划的首批试点高校之一，培养工作覆盖数学、物理、化学、生物、计算机 5 个学科。截至 2020 年，吉林大学累计培养了 295 名英才计划学生。据统计，前 5 届英才计划学生已全部进入国内外高水平大学继续深造，半数以上的学生选择了数、理、化等基础学科专业。从 2015 年开始，我校逐步探索将英才计划与拔尖计划融合。2018 年，随着英才计划逐渐发展成为吉林大学探索创新人才培养的中心任务之一，学校开始推广英才计划经验，逐步建立多层次的培养体系。

为促进拔尖计划在科学选才、鉴才工作上的持续改进，我校推动了英才计划与拔尖计划的衔接，确定了立足长远、招培一体的培养策略，把实施拔尖计划的唐敖庆班和英才计划进行融合：一部分的英才计划学生可以通过选拔，直接进入唐敖庆班（近几年来，已有 12 名英才计划学生进入唐敖庆班）；很多唐敖庆班的学生还直接参与了英才计划的朋辈指导（学校亲切地把这些学生称为英才计划的"黏合剂"和"填缝剂"）。

除此之外，在培养过程中，吉林大学也会主动邀请英才计划学生参与到拔尖计划培养方案当中，让学生感受融合式的培养。2015—2019 年，吉林大学连续多年在"国际教学周"期间邀请麻省理工学院有机化学教材《有机反应机理的书写艺术》编写者——罗伯特·格罗斯曼（Robert Grossman）教授为英才计划学生授课。2020 年 2 月，吉林大学在全校开展在线教学的同时，同步推进英才计划。学校选取了一部分拔尖计划的技术型课程、研讨型课程面向英才计划学生开放，同时让拔尖学生和英才计划学生合作开展学习。据统计，共有 49 名英才计划学生自主选择了 96 门次的线上课程。吉林大学还组织毕业于唐敖庆班的多名海外博士面向英才计划学生作学术报告，帮助英才计划学生了解基础学科的一些前沿领域的研究进展。

3. 探索多种方式的教学改革，架起中学和大学沟通的桥梁

通过于 2021 年初进行的调查问卷研究，我们发现，在拔尖学生培养过程中，同学们对自己未来的人生规划比较清晰和明确。学生对留学深造目的国家的选择已经发生显著变化，虽然美国依然是主要目的留学国家，但比例已经下降，与此同时，选择日本、新加坡、德国、北欧等国家和地区的高校的学生数量有所上升。在经历了国际情势的大变局后，科技创新又一次成为我们最为关注的话题，

我们在拔尖创新人才的培养上将更加重视科技创新，这就需要中学与大学在对学生思维方式培养上的衔接，将对创新性思维的培养从大学延伸到中学，科学地选才和鉴才。如何帮助学生尽早找到自己感兴趣的学习和研究方向越来越值得我们思考。

参考文献

[1] 迟晶，王瑞."基础学科拔尖学生培养试验计划"学生成长过程评价与研究——基于吉林大学"拔尖学生"调查与研究.吉林省教育学院学报(学术版), 2018(4): 70-73.

[2] 王瑞，迟晶，鲍旭炜，等."英才"陪伴"英才"，"拔尖"引领"拔尖"——吉林大学"英才计划"实施的探索与实践.汉江师范学院学报, 2018(6): 58-62.

[3] 徐孝刚，杨唯希，董朝.关于构建拔尖创新人才选拔机制的思考与实践.高校辅导员, 2015(3): 44-47.

[4] 唐家玮，李晗龙；我国拔尖创新人才选拔方式研究——基于"珠峰计划"与"自主招生"的并轨构想.国家教育行政学院学报, 2011(9): 8-12.

（2022年10月）

优秀案例

培养物理学的领军人

——北京大学物理学院拔尖计划十年回顾

北京大学
物理学院

党的十九大报告指出,要加快一流大学和一流学科建设,实现高等教育内涵式发展。新时期,高等学校建设和发展的定位由"以规模为特征的外延式发展"转变为"以质量为目标的内涵式发展"。"基础学科拔尖学生培养试验计划"也因此应运而生,为我国高等学校培养优秀创新型拔尖人才提供了良好的条件。

北京大学物理学院作为中国物理学科优秀人才培养的重地,自2009年启动"基础学科拔尖学生培养试验计划"以来,在刘玉鑫、朱守华等教授的带领下,经历了10年的积极探索和实践,本科生教育改革创新成果斐然,形成了兼具个性化、高质量、国际化的"三位一体"本科生培养方案,构建了一支师德高尚、功底深厚、理念先进的教师队伍,培养了一大批有志于从事基础科学研究的青年学者。

一、"三位一体"培养模式——"一个也不能少"

物理学院主管教学的副院长曹庆宏教授在接受采访时表示:"拔尖计划促使我们重新反思对本科生的定位。通过4年的本科培养,我们希望学生完成几个转变:从'学生'转变为资历尚浅的'学者';从被动接受知识或作为一个知识存储器转变为参与发现、创造或解释知识以及形成新思想的人;从近乎发散的发展和就业多样化取向转变为潜心于学术研究。教育要尽可能大地激发、调动同学们主动学习与探究的兴趣和积极性。"

在拔尖计划的大力支持下,物理学院不断改进、完善本科生培养方案,形成了以灵活的课程体系、科研训练与实践、"全球课堂"为核心的"三位一体"培养与实践,将科研优势实实在在转化为教学和人才培养优势,为培养创新型优秀人才打下坚实基础。

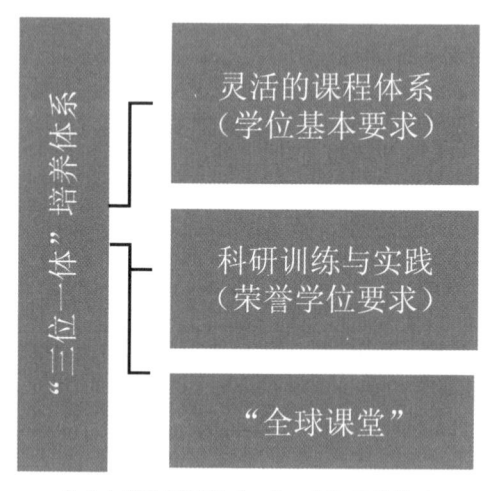

"三位一体"培养体系
- 灵活的课程体系（学位基本要求）
- 科研训练与实践（荣誉学位要求）
- "全球课堂"

北京大学物理学院"三位一体"培养体系

物理学院详细梳理了已开设的 180 余门课程,构建了模块化、分层次的课程体系。其中,普通物理(五小力学)、理论物理(四大力学)、数学物理方法、计算物理等主干核心课程都设立了深度、难度、广度明显不同的两类课程。A 类课程为荣誉课程,针对将来有志于从事基础物理科学研究的学生;而对于不准备以基础物理研究作为终身职业的学生,可以选择深度、难度、广度较低的 B 类课程。这种安排为学生的自由发展提供了制度保障,也向其他学科输送了具有坚实物理基础的优秀人才。

除了理论课程,物理学院还建有包括演示与展示实验、基础物理实验、近代物理实验、综合物理实验、创新平台及前沿物理实验等 5 个级次完善的实验课程体系。通过近 300 个课题式教学项目的实施,目前,物理学院已形成综合性探究实验和课题研究型探索实验相结合、多通道实验训练的课程教学体系,真正在"基础"与"前沿"、"探究"与"研究"之间架起了桥梁。

谈及部分"学习超前生",曹庆宏说:"他们可以申请在学期初参加免修考试,达到合格分数线的话,可以直接拿到该门功课的学分,这样就可以腾出时间研修后续课程,为之后开展科研打下基础。"物理学院成功打通了本科生和研究生课程体系,为本科生提供了多门之前只为研究生开设的课程,保研本校的学生还可以选择把学分带到研究生阶段。2020级本科生杨天骅同学因竞赛成绩优异被保送北大,他告诉记者:"学院选课是完全自由的,我们这些有竞赛基础的学生可以适当加快进度,而不会在已经学过的东西上面浪费时间。目前,我们已初步进入科研训练阶段。"

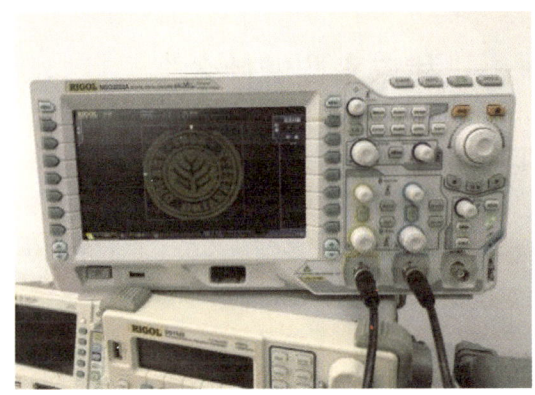

韩兆宇同学在物理实验中用示波器显示北京大学校徽

学生在国家天文台观测

原以为学生想要进入这样优越的培养计划并非易事，选拔的标准和流程一定非常严格，但是，"我们全院实施拔尖计划，一个也不能少，"曹庆宏坚定地告诉记者，"物理学研究是一个厚积薄发的过程，需要付诸持续的热情。我们要尽一切努力保护好学生的自信心和好奇心，不能挫伤他们的积极性。我们所关注不仅仅是 200 多人中能否挑出 20 人取得辉煌的成就，更关注我们的 200 多名学生有没有找到未来的方向，为国家和社会贡献自己的价值。"

全院实施拔尖计划的魄力彰显了北大物理学院实施计划的力度之大、难度之高、育人之诚、决心之坚。

二、十年本科生科研探索——"我未来要做什么"

物理学理论知识储备是很重要的环节，但若想真正从事物理科研工作，这只是冰山一角。物理学院不断开拓创新，为学生提供全方位的综合学术素质训练和科研创新能力训练，多项措施并举，根据学生的知识储备因材施教，不同的年级侧重点不同，设计不同的科研训练与实践项目。

```
本科生科研训练 ├─ 小型项目研究与成果展示（大一）
              ├─ 研讨型小班讨论课（大二）
              ├─ 本科生科研训练与实践（大三）
              └─ 小型项目研究与成果展示（大一）
```

物理学院本科生科研训练与实践体系

针对低年级学生，物理学院大力开展全面、综合的初级科研训练，为大一学生举办本科生小型项目训练与成果展示活动，以国际青年物理学家锦标赛（IYPT）和全国大学生物理学术竞赛（CUPT）的题目为课题、以实验探索和理论诠释为手段进行初步科研实践培养。"大一的 CUPT 对我帮助很大，给了我一次体验科研的机会。回想起来，我很多最朴素的对科研的想法就是从 CUPT 中学到的。"一名物理学院本科生回顾这段经历时感慨道。进入大二，本科生可以参加研讨型小班讨论课，其中一个重要的训练是寻找、阅读专业文献，并在导师指导下进行文献评述和报告的训练。目前，物理学院已开展量子力学、平衡态统计物理、固体物理、光学、天体物理、大气物理与探测等 6 门小班研讨课程，每学期开设约 20 个小班，由中国科学院院士龚旗煌教授、谢心澄教授以及几十位长江学者、国家杰出青年科学基金获得者、教育部"新世纪优秀人才支持计划"入选者、国家优秀青年科学基金获得者等高水平教师作为各小班的主持教师。

高原宁院士为本科生讲课

对于高年级学生，物理学院大力鼓励学生进入实验室从事更高难度的科研训练。同学们可以选择申报本科生科研训练项目，通过评审后，直接进入课题组实验室开展研究工作，后期由学院进行严格的中期检查和结题验收审查。该项措施能激发同学们的学习积极性，由"要我学"转变为"我要学"。直升物理学院博士生的王任飞同学说道："学院给予了我们很多书面报告、口头报告的锻炼机会，包括本科生科研项目的开题、中期到结题报告。这一方面督促我们专心研究，另一方面让我们懂得分享学术成果。除了科研本身，语言表达效率和准确度训练令我受益匪浅；老师们、同学们提供的创新性角度、提出的启发性问题激励我不断思考和完善实验。"2009 年至今，物理学院为本科生设立研究课题 680 多项，有将近 800 位学生参加项目研究，每年发表论文超过 60 篇。2009 年至今，物理学院本科生在国际重要学术刊物发表论文 500 多篇，其中不乏顶尖刊物，如《物理评论快报》(*Phys. Rev. Lett.*)（19 篇）、《科学》(*Science*)（2 篇）、《自然》

（*Nature*）及其子刊（11篇）、《美国国家科学院院刊》（*PNAS*）（3篇）。

  为培养学生宽广的国际视野，物理学院致力于为学生提供各种国际化交流的机会，鼓励并引导同学们参加各种国际学术会议、国际竞赛，并积极与国外大学开展多层次、多形式的交流合作。正是通过"全球课堂"的牵线搭桥，李一一得到了在印度尼西亚参加亚洲科学营的宝贵机会，并经介绍加入了物理学院肖云峰教授的课题组，从事利用光学微腔进行微粒传感等应用型研究工作。这样近距离地接触与产业、与日常生活息息相关的科研，让李一一第一次产生了"科研很有用"的骄傲感，第一次明晰了"未来要成为一名科研人员"的使命感。已成功申请至加利福尼亚大学洛杉矶分校读博的亓瑞时同学也曾通过"全球课堂"前往海外交流访学，学习新技术，并成功将其应用在国内课题组的研究中。

本科生吴典代表北京大学在 2019 年全国茗政基金交流会上作大会报告

三、拔尖计划 2.0 在路上——"为物理学研究奋斗终身"

  北京大学确定了以"未名学者计划"为名的探索与实践，开启了"拔尖计划 2.0"的培养新征程。2020 年 9 月 17 日，教育部公布了首批基础学科拔尖学生培养计划 2.0 基地名单，北大未名学者物理学拔尖学生培养基地入选。曹庆宏对此感慨万千，用"不忘初心、牢记使命"八个字表达了对"拔尖计划 2.0"的决心。

"帮助青年学子找到自己擅长且感兴趣的研究方向,才能真正地留住拔尖创新人才,使其日后成长为能够引领未来发展、为人类做出重大贡献的领军人物。"曹庆宏表示。物理学院一直秉承北大自由包容之精神,努力淡化专业之间的壁垒,鼓励学生尝试不同方向。从入学后的 32 个科普报告讲座、综合指导课预约到进入不同的课题组实验室实践,物理学院的同学们在初步建立科研概念之后,都能根据"减法原则"筛出不适合自己研究兴趣的方向,最终确定潜心钻研的方向。

诺贝尔物理学奖获得者杰拉德·莫罗(Gérard Mourou)教授与学生交流

物理英才班是物理学院一道特别的风景,这个班级不论成绩,只谈兴趣。三五个以物理学研究作为终身职业理想的学生因志趣相投而聚在一起,日常进行文献分享和举办学术研讨会,同时也会请学院里的资深教授来作讲座。"守护这股热情、这份好奇心,也是我未来工作的重点。"曹庆宏表示未来要在学院建立书院制,大力加强物理英才班,培养同学们对基础学科的兴趣,满足同学们对基础学科的好奇心,激发他们对物理学研究问题的挑战欲,大力支持和鼓励同学们立志为物理学研究奋斗终身!

习近平总书记曾勉励广大科技工作者肩负起历史赋予的 科技创新重任,强调大力弘扬科学家精神,并重点阐述了爱国精神和创新精神。对此,曹庆宏有着深深的体会:"国家是每位科技工作者最坚实的后盾。面向未来,我们凝心聚力、守正创新,继续培育好'2.0 时代'志向远大、视野开阔的拔尖人才,为物理学推进人类文明进步贡献北大智慧和中国力量。"

物理英才班及自主学习实验室成立

(2021 年 1 月)

构筑协同育人生态系统，培养基础学科拔尖人才

浙江大学

葛 坚、张 帆、林 威

一、成果简介及主要解决的教学问题

1. 成果简介

"为什么我们的学校总是培养不出杰出人才？" 21 世纪初，著名的"钱学森之问"直击中国教育的痛点。为回应"钱学森之问"，教育部于 2009 年提出"基础学科拔尖学生培养试验计划"，旨在培养相关基础学科领域的国际领军人才。当前，世界新一轮科技革命、产业革命和教育革命加速汇聚，党和国家事业发展对加强基础学科研究、提升原始创新能力的需求愈加迫切，优化基础学科拔尖创新人才培养模式的意义愈发彰显。

竺可桢学院作为浙江大学（简称浙大）对拔尖人才进行特殊培养和精英教育的荣誉学院，是拔尖创新人才培养基地和教育教学改革的试验田。2009 年，根据教育部"基础学科拔尖学生培养试验计划"精神，竺可桢学院通过实施求是科学班项目来深入推进基础学科拔尖学生培养试验计划工作，选拔对数学、物理、化学、生物、计算机科学 5 个基础学科中的某一学科有浓厚学习兴趣、较强培养潜力并有志于深入学习的优秀学生进行的培养，旨在孵育未来"基础学科顶尖科学家"和"学科引领者"。

构建拔尖人才培养生态系统，是以生态学的观点来建构一套契合人才培养需求和促进基础学科可持续发展的生态化育人路径。 基础学科大师的生态化培育并非拔苗助长，而是通过营造适宜的环境来调动学生的科研潜力、研究兴趣，让好苗子"冒出来"。10 多年来，竺可桢学院求是科学班项目在制度保障、人员组织、环节设计三个层面构筑协同育人生态系统，形成了拔尖创新人才不断涌现的良好局面。经统计，求是科学班 2010 级至 2016 级毕业生共 599 人，有 543 人毕业后选择继续深造，占比 90.6%；学生在读期间累计发表高质量学术论文 183 篇，申请专利 18 项；2018 年，求是物理班在读大三学生宋超在导师指导下以第三作者身份在《自然》杂志上发表高水平论文；求是化学班 2 名在海外深造的毕业生以第一作者身份在《自然》杂志上发表文章。该模式在拔尖创新人才培养上发挥着引领和示范作用。

2. 主要解决的教学问题

如何对抗功利主义？ 如何走出"学生急于成才、教师急见成效"的困境，克服学生在科研、择业领域的功利性，吸引优质生源从事基础学科研究，培育知识能力素质并重、通专融合的拔尖人才？

如何深植科学精神？ 如何通过培养模式改革和资源的优化配置，构建全过程协同育人的生态系统，推进学生批判性思维与探索意识的养成，不唯教、不唯学，让求是求真的精神蔚然成风？

如何跻身世界前沿？ 如何针对"95 后""00 后"的学生群体特征，在"百年未有之大变局"中提升学生国际竞争力，使其兼具国际视野和交流能力，满足拔尖人才培养和未来发展的需要？

二、成果解决教学问题的方法

1. 优化制度设计：加强顶层规划，校院两级保障育人环境建设

顶层规划，构建组织保障。学校成立求是科学班培养委员会，组建多层次的工作组。积极建构竺可桢学院与求是科学班、求是科学班之间协同育人的"2+2"教学管理模式。具体而言，竺可桢学院负责前 2 年的学养教育，专业学院重点负责后 2 年的专业训练。虽然划分了学籍责任的时间，但"协同育人"的过程一以贯之，做到新生选拔协同开展、分流滚动协同完成、国际交流协同支持、荣誉证

书协同颁发。5个求是科学班之间同样紧密合作，彼此开设高质量、小班教学的大类基础课，并大胆突破学科壁垒，5个求是科学班之间可实现专业互转，支持学生选择最适合自己的专业进行基础学科研究。这些举措为维护学生对基础学科研究兴趣、深耕学生科研能力培养提供了保障。

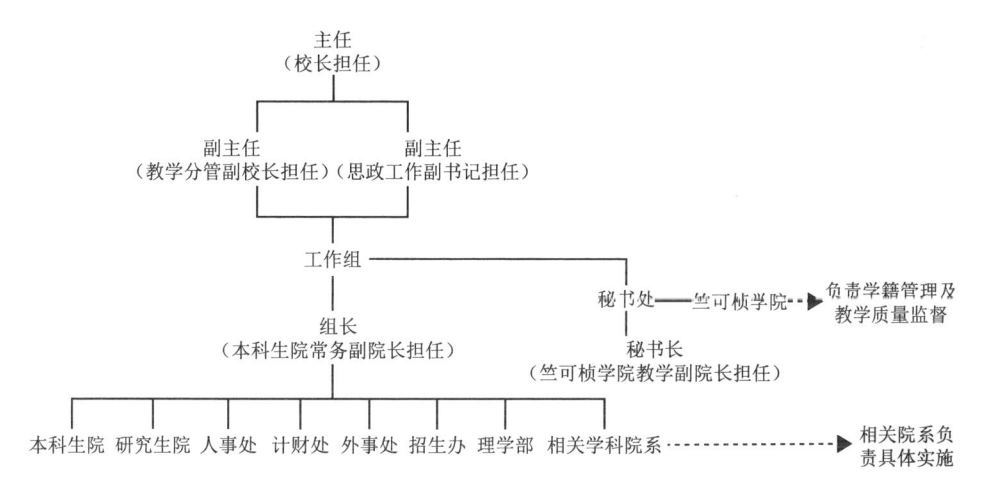

浙江大学求是科学班培养委员会组织架构

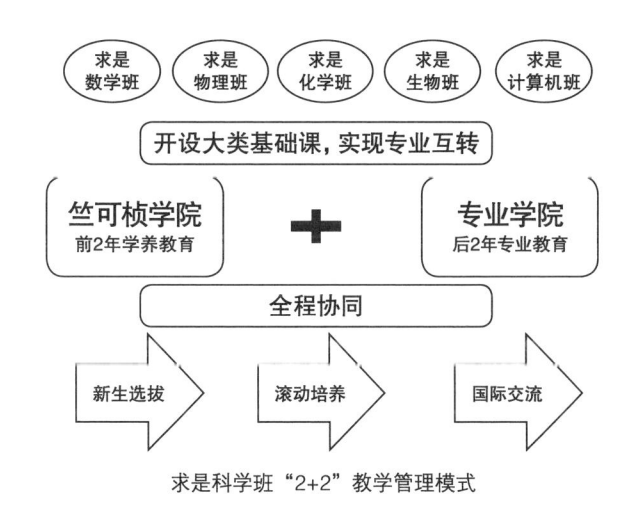

求是科学班"2+2"教学管理模式

校院两级，完善政策支持。在校级层面，学校先后印发《浙江大学培养基础学科拔尖创新学生原则意见》《浙江大学基础学科拔尖学生培养试验计划专项经费管理办法》《浙江大学基础学科拔尖学生奖学金评定办法》《"基础学科拔尖学生培养试验计划"专项经费——劳务酬金开支实施细则》等文件予以支持。在院级层面，相关专业学院通过各学科的工作委员会制定章程。求是科学班实行项目负责人制，以"人盯人"战术确保拔尖人才的特殊培养责任落实到人、执行到位，为基础学科拔尖人才培育工作的可持续发展提供有力支撑。

求是科学班校级规范性文件

印发时间	文件名称
2009 年	《浙江大学培养基础学科拔尖创新学生原则意见》（浙大本发〔2009〕186 号）
2009 年	《浙江大学"求是科学班"实施方案草案》
2012 年	《浙江大学基础学科拔尖学生培养试验计划专项经费管理办法》（浙大计发〔2012〕25 号）
2012 年	《浙江大学基础学科拔尖学生奖学金评定办法》（浙大本发〔2012〕32 号）
2015 年	《"基础学科拔尖学生培养试验计划"专项经费——劳务酬金开支实施细则》（浙大竺发〔2015〕7 号）

2. 优化人员组织：聚焦全人教育，思教融合配置育人队伍

育人育才，思教融合。高等学校人才培养是育人和育才相统一的过程，建设高水平人才培养体系必须将思想政治工作体系贯通其中。竺可桢学院求是科学班积极将思政队伍融入专业教育之中，建立"思教融合"拔尖学生培养思政体系。各相关学科院系均成立求是科学班工作委员会。院系求是科学班工作委员会主任一般由学院院长担任，副主任由学院主管教学工作的副院长和一位资深教授（院长助理）担任，委员包含核心课程责任教授、学院党委副书记等，以促进教学思政核心力量的集中投入。育人为本，以德为先。该举措致力于克服功利主义倾向，以培育德才兼备的拔尖人才。

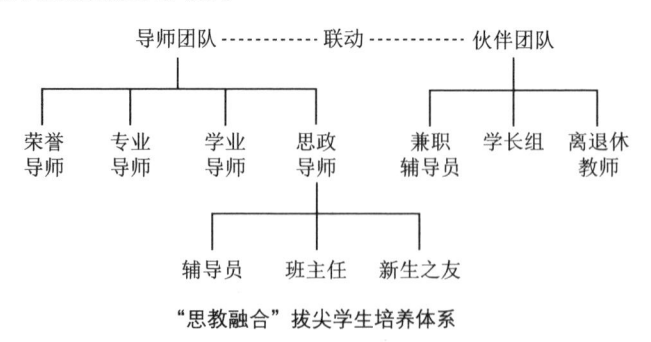

"思教融合"拔尖学生培养体系

```
院系              主任
求是科学班     ——(学院院长担任)
工作委员会       副主任
              (学院主管教学副院长+资深教授)
                委员
              (核心课程责任教授、学院党委副书记等)
```

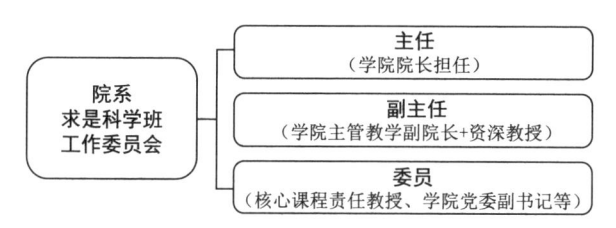

相关学科院系求是科学班工作委员会架构

大师领航，教学相长。在研究杰出人才的成长规律过程中，我们发现这些学术大师的养成，跟他们青年时期就与同时代的"大师"相遇并建立起某种密切联系的机缘有关。求是科学班注重鼓励高层次育人队伍参与教学管理与课程改革。在拔尖人才培养的各个环节均注重教师的"高端配置"，全力支持高层次教师参与求是科学班的教学管理及相应课程改革工作。学院不仅特别重视引进中国科学院、中国工程院院士等国家高端人才参与学生教学培养，而且积极聘请海外大师和顶尖高校教授为学院荣誉导师，开展"与大师面对面"系列讲座（2018—2019学年共计开展17场）。这些举措不仅传递了顶尖大师身上的使命感与科学精神，也让国际视野融进学生的科研启蒙中。

学院引进的顶尖教授

姓名	单位及荣誉
沃尔特·博德默（Walter Bodmer）教授	英国皇家科学院院士、美国科学院院士
帕特里克·马克思韦尔（Patrick Maxwell）教授	英国医学科学院院士、英国剑桥大学临床医学院院长
何胜洋教授	美国科学院院士
维姆·J. 夸克斯（Wim J. Quax）教授	荷兰皇家科学院院士
希尔维奥·米卡利（Silvio Micali）教授	图灵奖获得者

3. 优化环节设计：全程精准"滴灌"，开环整合构建育人模式

竺可桢学院将拔尖人才培育工作精准下沉到学生入学到毕业的整个时间轴中，把牢招生入学、课程设计、科研训练、毕业出口四环节，建构全过程、个性化的精准育人模式。

精准定位选拔，科学滚动遴选。集成创新"矩阵式"选拔方式，综合多视角、多维度、多时段来考查学生。推行分流滚动机制，对不适应培育环境的学生进行滚动培育。此外，配合开展英才计划，将遴选基础学科拔尖人才的关口提前，为

有研究兴趣的高中生提供支持。

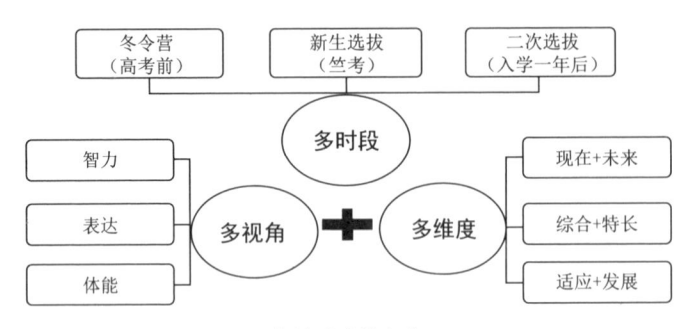

矩阵式选拔方式

精准规划路线，打磨课程体系。各学科根据教育部"导师制、个性化、小班化、国际化"创新培养模式要求，充分利用竺可桢学院建设的基于全人教育的荣誉课程体系构建通识课程体系，对标国际一流大学"目标学科"，制定求是科学班专属的培养方案。构建了 SGIR 课程体系，即"专业+通识+个性+研究"课程体系，体现了浙江大学海纳百川、学科融通的拔尖人才培养特点，聚焦于破解"怪才、偏才"全面素质养成问题，并在课程中注重引入全英文课程，积极开展相关学科国际专业认证，给予学生走向学科国际学术前沿、探索学术兴趣的平台。

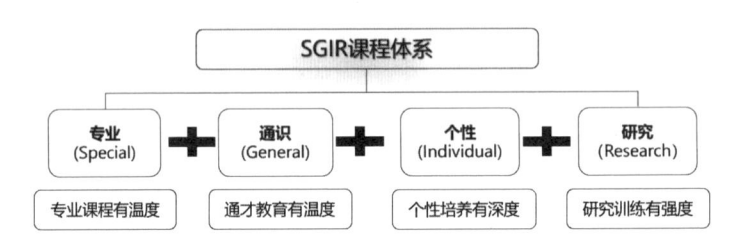

SGIR 课程体系

精准配置资源，强化科研训练。求是科学班实施"强引领·全覆盖·国际化"的专业导师制，大二以上的学生进行 100% 全员导师制，配备学业导师和科研导师，为出国学生聘请海外大师和顶尖高校教授担任海外导师。导师以科研训练为导向，根据学生的兴趣、特长等制定学生的个性化培养方案，实施科研训练计划和国际交流计划，将因材施教与强化培养相结合，将科研训练、学科竞赛和课程交流多向耦合，提升学生对知识的综合应用能力，使学生在校期间能打下较好的科研基础。此外，积极组织学生前往 MIT、哈佛大学、斯坦福大学等世界顶尖高校开展科研实习，获得师生好评。

精准定向输出，严把毕业出口。求是科学班中不乏想继续从事基础学科研究的优秀学子。据数据统计，求是科学班毕业后继续深造比例高于本校同学科的"普通班"学生，且呈现不断上升的趋势。如求是数学班继续深造比例高达98.44%，同期"普通班"学生继续深造比例为73.11%。学院注重毕业后的情况追踪，已在纽约、旧金山、波士顿、伦敦、东京、悉尼、新加坡设立了竺可桢学院院友分会和联络处，为求是科学班的深造和精准跟踪提供抓手。值得一提的是，许多求是科学班学生选择在国内继续深造，原因有三方面：一是在求是科学班就读期间与导师关系较密切，希望研究生阶段继续跟随导师深入研究；二是有部分学生在导师的支持下选择在本校保研后再联合培养；三是本科期间在外交流让求是科学班学生了解了国内相关学科在世界学术领域所处的位置，认为有的方向国内导师已触及世界前沿，愿意在国内继续深造。

相关学科求是科学班与"普通班"毕业生去向汇总（2010级至2013级）

专业	班级	毕业生人数/人	国内深造人数/人	国外深造人数/人	就业人数/创业人数	总深造比例	国外深造比例
数学	求是科学班	64	20	43	1	98.44%	68.25%
	普通班	238	60	114	42	73.11%	65.52%
物理	求是科学班	64	32	29	3	95.31%	47.54%
	普通班	316	117	66	68	57.91%	36.07%
化学	求是科学班	70	37	27	6	91.43%	42.19%
	普通班	282	97	53	89	53.19%	35.33%
生物	求是科学班	65	11	49	5	92.31%	81.67%
	普通班	107	48	35	21	77.57%	42.17%
计算机	求是科学班	70	21	36	13	81.43%	63.16%
	普通班	628	157	185	234	54.46%	54.09%
合计	求是科学班	333	121	184	28	91.6%	60.3%
	普通班	1571	479	453	454	59.3%	48.6%

三、成果创新点

1. 营造开放育人环境，创新人才培养路径

本成果通过实行开放的滚动培养机制，实现"人才培育大环境"与"个体发

展小环境"的双向优化。

滚动培养之于"人才培育大环境"而言，可保障基础学科拔尖人才培育内部环境的良性循环。这样做不仅可激励具备科研潜力的人才留在求是科学班内，也能置换进优质生源，推进培育环境的可持续发展。

滚动培养之于"个体发展小环境"而言，可帮助学生进行分段式科研评价和自我定位。对于不适应拔尖培育环境而被分流的学生，仍进行全方位跟踪指导和全过程资源支持，导师制的一以贯之为学生营造个性化的育人环境。

2. 搭建开环教育体系，创设精准协同格局

本成果注重打造开环整合的教育体系，突破育人时间轴的限制，精准孕育基础学科拔尖人才。

招生遴选环节的英才计划作为开环前端，为大学和中学的有机衔接提供范本。组建导师团、拜师仪式、高端讲座等在辐射基础学科教学资源的同时，也让学有余力的中学生了解浙大培养特色。

打造后端开环的本博贯通培养体系，将实验室轮转和导师制有机结合，实现开放、精准育人。在实验室轮转的基础上开展导师制，同时为学生量身打造本博贯通培养方案，帮助学生在本科阶段增强科研敏锐度、明晰研究兴趣、科学选择培育方向。

3. 提供开源交汇平台，创造学科发展活力

本成果以有力的组织架构和制度举措，融合育人资源，激发相关基础学科活力，形成培养特色。

推进多维资源交汇，优质师资、顶尖大师、优质课程交相辉映。配备校内外高层次人才，推进基础学科课程改革；邀请国内外大师担任导师，激发学生的研究热情；形成基础学科优质课程的跨学科交汇，开放大类基础课，提供基础学科的交叉学习机会。

助推特色模式生成，基础学科依托竺可桢学院平台实现百花齐放。求是数学班探索"A+X"教学模式；求是物理班推行三位一体科研训练模式；求是化学班打造多层次科研实践平台；求是生物班开设 Cell 学习平台；求是计算机班重视科研竞赛对学生能力的提升；等等。

（2021 年 1 月）

科教融合，培养一流创新英才

中国科学技术大学

邓引梅

我校依托"全院办校、所系结合"的独特办学优势，以国家理科人才基地为基础，以国家实验室为平台，结合我校基础教育优势和中国科学院优质科教资源，在强化使命驱动、注重大师引领、实现更加有效的学习、提升拔尖学生的综合素养、促进学科交叉与科教融合、打造双向国际交流合作平台、完善科学鉴才与选才等方面实现了一系列创新和突破，构建了一流创新人才培养的良好体系。

2009—2016 年，我校与中国科学院相关研究所探索联合培养拔尖创新人才的新模式，陆续开办了 14 个科技英才班。2010 年 10 月，我校正式获批开展国家教育体制改革试点，实施"基础学科拔尖学生培养试验计划"，实现了国家拔尖计划和英才计划的无缝对接和有机融合。2020 年 9 月，我校数学、物理学、化学、生物科学、地球物理学 5 个专业入选教育部首批基础学科拔尖学生培养计划 2.0 基地名单。

严济慈物理科技英才班（简称严济慈英才班）是我校科技英才班的典型代表，在创新人才培养方面成效显著。在管理机制方面，严济慈英才班设立了首席科学家、教学委员会、国际交流委员会、管理小组、学业导师小组。该班采用个性化的培养方案，实行精英教育，多渠道培养学生创新能力。对于核心物理课程，加强师资力量、单独开班，尝试多种教学模式，如大班主讲、小班讨论，小班讲授、讨论和课程研究性学习，小班讲授、重点辅导。在基础课教学中开展自主式学习，开设和物理前沿研究相关的实验物理课程，让学生在掌握基础实验方法的同时掌握前沿实验方法，结合所学知识和现代科技前沿情况撰写小论文，培养创新意识。并举办"严济慈物理学前沿讲座"，开展"大学生研究计划"。遴选学院优秀教师以及与物理有关的其他专业方向的院外优秀教师作为该班的学业导师；聘请哈佛大学等海外著名高校学者来校讲学，开设关于超弦等方面的暑期课程；遴选一批优秀学生赴哈佛大学、普林斯顿大学等世界一流名校进行暑期交流；等等。

目前，严济慈英才班已有较高的国际知名度，学生在国际著名高校和研究机构中广受赞誉。截至 2020 年底，已毕业的 362 名学生中，有 354 人继续深造，其中 67 人在中国科学院相关研究所和国内著名高校保送读研，287 人赴国外深造，深造率高达 97.8%。

该班的优秀学生代表曹原同学于 2010 年考入中国科学技术大学（简称中国科大）少年班学院。同年，经过科学而全面的考查，入选严济慈英才班。在本科学习期间，他勤于思考，善于钻研。在计算物理课上，授课教师丁泽军教授给学生们提供了开放性研究课题的机会，让他们充分发挥自己的专长，主动钻研。曹原抓住这个机会，仅一个寒假的时间就取得了较好的结果，并将该研究成果写成文章，发表在《磁学与磁性材料杂志》（*Journal of Magnetism and Magnetic Materials*）上。丁教授对他至今印象深刻，并对其超高的效率表示"非常惊奇！"中国科大的科研资源毫无保留地对严济慈英才班学生开放。曹原在本科时的导师、中国科大物理学院教授曾长淦就给他提供了很好的机会。曾教授在实验选题、方向与写作上给予他充分指导，但在技术细节上，以及课题中涉及的理论部分，则放手让他发挥。曹原认真对待自己的课题，独立思考，主动钻研，并利用超常的创造力，高质量地解决了科学问题，于 2014 年作为第一作者在《物理评论 B》（*Physical Review B*）上发表了关于石墨烯超晶格的文章。

针对曹原同学富有创造力、勇于探索的性格，学校和严济慈英才班为他创造了多方有利条件：2012 年，曹原代表学校作为密歇根大学首批交流生派出；2013 年，校教务处与校新创基金会联合发起"顶尖海外交流奖学金"项目，曹原作为首批学生代表前往牛津大学交流访问；鉴于此次交流期间曹原表现出的出色的科研能力，陈宇林教授写信推荐曹原到麻省理工学院（MIT）深造。2014 年，曹原荣获中国科大本科生最高荣誉奖——郭沫若奖学金。

在 MIT 读博士期间，曹原加入巴勃罗·贾里洛-埃雷罗（Pablo Jarillo-Herrero）团队，在石墨烯超导领域做出重大突破，引起科技界广泛关注。2018

曹原（右二）荣获郭沫若奖学金

年 3 月，曹原在国际顶尖学术期刊 Nature 上以第一作者身份连发两文，报道在石墨烯超导领域的重大突破，成果入选美国物理学会"2018 年物理学十大进展"。2018 年 12 月，Nature 发布了 2018 年度影响世界的十大科学人物，曹原位居榜首。同年，他还入选"福布斯中国"发布的 2018 年中国"30 位 30 岁以下精英"科技领域榜单，成为入选者中年龄最小的一位。2020 年 5 月 6 日，曹原再次于 Nature 上"两连发"，报道了团队在魔角石墨烯研究中取得的新进展。2021 年 2 月 1 日，曹原以共同第一作者和第一通讯作者的身份在 Nature 上报道在魔角三层石墨烯中发现了 moiré 超导体，并展示该体系在电子结构和超导性能方面的可调性

Nature 发布的 2018 年度影响世界的十大科学人物——曹原

优于魔角双层石墨烯。同年 3 月 31 日，曹原发表了其第 6 篇 *Nature* 论文，报道了通过热力学和输运测量，揭示了魔角石墨烯的破缺对称性多体基态及其非平凡的拓扑结构，使魔角石墨烯的理论和实验都更趋近于一个统一的框架。同年 4 月 7 日和 16 日，曹原又分别在 *Nature* 和 *Science* 发表了其在魔角石墨烯研究领域的最新论文。

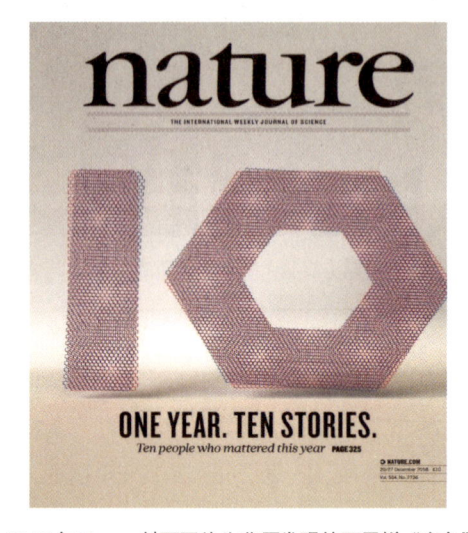

2018 年 *Nature* 封面图片为曹原发现的石墨烯 "魔角"

纵观曹原同学大学四年的培养路径，我们可以窥见一条明显不同于传统被动式教学的新路子。严济慈英才班对人才的培养既尊重教育的内在规律性和基本的培养模式，又积极培育充满活力和创新的土壤，秉承"科教结合、协同创新"，与合作导师、实验室、研究所一起探索基础学科优秀人才培养的新经验和新模式。该班突破了传统的体制与机制的束缚，开放办学，以学生为本，实现了对创新人才个性化培养模式的有益探索。

首先，通过"科教结合"，将大学和中国科学院科研院所的最新研究成果及时引入大学教育的过程之中，并配以优秀的科研型教师（如曾长淦教授），使学生们尽早接触到科技前沿，有志于从事基础科学研究的曹原同学得以脱颖而出。其次，通过"理实结合"，增加了实践环节，使得曹原有机会在大学阶段就参与完整的科研过程；在尊重其专业兴趣和志向的前提下，引领他进入实验室开展科研实践，进行研究性学习，真正做到寓教于研，为曹原同学进入 MIT 之后的科研活动打下基础。再次，曹原同学通过严格选拔，两次前往国外进行交流学习，将学习的"课堂"拓展到了国外一流实验室,这正是严济慈英才班"三结合、两段式、长周期、个性化、国际化"创新人才培养模式的集中体现。

在中国科学技术大学校园里,许多优秀的学生与曹原同学一样,天资聪颖,不畏挑战。严济慈英才班的培养模式,为他们提供了符合他们成长规律、充分释放他们创造力的土壤,正好切合了"曹原们"的成长需要,令他们如鱼得水。严济慈英才班的成功表明中国科大对人才培养的探索,既尊重教育的基本规律,又深耕充满活力的创新土壤,秉承"科教结合、协同创新"理念,形成了具有独特风格的拔尖人才培养新模式。

(2021年4月)

构建高校野外联合实践教学，探索地理学拔尖人才培养新模式

华东师范大学地理科学学院

周立旻、郑祥民

一、引　言

地理学后备人才培养是地理学持续发展、服务社会的基础。华东师范大学在地理学国家理科基础研究与教学人才培养基地的基础上，对标拔尖计划 2.0 人才培养规格要求，组织成立了地理学拔尖班。华东师范大学地理学拔尖计划瞄准培养未来地理学青年科学家的目标，以"践行立德树人目标—继承创新传统—创新人才培养模式"为理念建设拔尖培养体系，同时夯实以野外实践为特色的人才培养模式，并积极探索全国地理学联合野外实践的方式，以国内最优质的专业资源，为国培育一流地理学人才。

地理学拔尖人才培养除了重视理论教育之外，还强调野外实践的突出地位，对学生德智体美劳全面发展形成全面的强支撑。为了突破国内各个院校普遍存在的野外实践区域受限制的瓶颈，我校地理学国家理科基地联合其他基地，依托各个学校多年精心培育的野外实习资源，发起基地跨区域联合实习，以"合作、共享、辐射"为宗旨，在教育部和国家自然科学基金委的支持下，建设了 8 条精品线路，成功打造了国内首个基地院校自发联合建立的野外实践教学平台。联合实习自 2009 年启动以来，已连续坚持 11 年（2020 年暂停），品牌效应初步形成，得到了广泛的关注。

二、强强联合，发挥特色优势，整合优质野外实习资源，形成系统的全国地理学野外实习资源平台

多年来，原有的 7 个地理学理科基地依托各自特色，形成了涵盖我国三大自然地理带与三大阶梯、覆盖主要自然地理单元、大纵深、国内独一无二的野外实践教学资源群。面对当前日益突出的实践教学区域受局限的瓶颈，华东师范大学地理学理科基地提议，充分利用各个基地的野外实习资源，实现基地院校联合实习，并采取自愿共享、逐年轮换、逐步开放的模式建设全国地理学联合实习网络。这一倡议得到了基地单位的积极响应。

7 个理科基地于 2009 年依托北京师范大学和兰州大学北方实习基地开展了第一届联合野外实习，大获成功，这坚定了各个学校进一步坚持开展联合实习的信心。2010 年，华东师范大学、南京大学和福建师范大学依托南方基地举办了第二届联合实习，取得了良好的效果，参与院校除了第一届的 5 所基地院校外，还有 9 所非基地院校。之后 11 年，参加队伍已覆盖全国主要的含地理学的院校，如香港中文大学、台湾师范大学等均加入联合实习队伍中，参与院校达到了 41 所，在国内形成了较大的影响力。

三、组建高水平的联合实习野外指导队伍

在联合实习的组织和实施过程中，各个承担院校均高度重视实习野外指导队伍的建设，挑选教学、科研经验丰富的教学团队作为野外教学指导的主体。如华东师范大学自然地理学国家级教学团队、兰州大学自然地理学国家级教学团队、北京师范大学区域地理学国家级教学团队等，吸引了一大批学术造诣深厚的知名学者参与到野外实习指导中来，如郑祥民教授（国家万人名师）、王乃昂教授（国家万人名师）等。指导教师们不仅学识渊博，而且在野外艰苦环境中展现出了对教学的热爱、对专业的执着、对同学的关爱，以高尚的师德师风引导同学们理想信念的形成。通过联合实习，我国一流的地理学师资与一流的地理学学子紧密地联系在一起，极大地提升了实践教学的质量。

四、形成完整的野外实习教学系统，创新实践教学模式

在"高起点、高强度、高综合"的环境下，依托专业技能与知识，把握、综合、描述区域地理特征，是联合实习核心的教学目标与特色。联合实习模式是地理学实践教学的一次创新，在每次短短的近 20 天实习时间里，跨度大，内容广，环境多，实现了对学生德智体美劳素养的全时空培养。

第十届全国地理学联合实习开幕式

"高起点"，保障了联合实习教学目标的顺利实现。联合实习必须与一般的课程实习有严格区别，其主要是在原有专业课程学习和专业技能实习的基础上，提升学生短时间内在陌生的自然环境条件中利用已有的专业知识与技能把握实习区域自然环境主要特征的能力。

"高强度"，即短时间内学生需完成的实习内容多。在联合实习中，实习内容丰富，对学生的身心考验大。在近 20 天的实习中，学生需行进近 5000 千米的路程，对所有参与实习学生的身体素质是一种严峻的考验。同时，每日繁重的野外实习后，同学们还需要投入到紧张的记录整理、汇报撰写工作中。高强度的野外工作锤炼，夯实了学生的地理学野外精神。

"高综合"，即联合实习的内容涉及的领域高度综合。联合实习将实习区域内土壤、植被、地貌、水文的实习内容高度综合，使得学生综合地掌握实习区域的自然地理特征，更进一步实现自然与人文领域的综合，将人文地理与自然地理调查相互交叉。

为了更好地提升联合实习效果，参与联合实习的高校组织成立了教材专家委

员会，认真挖掘各基地积累的宝贵实习经验，先后撰写了一系列野外实习指导丛书，包括《庐山地区地理学野外实习指导》《浙江自然地理学野外实习指导》等。这些高质量的实习教材的出版，不仅有助于联合实习的高效开展，而且弥补了全国地理学野外实习教材缺乏的不足，引领了我国地理学野外实践与改革潮流，起到了良好的示范作用。

第九届全国地理学联合实习

五、联合实习实践成果丰硕，成效显著

1. 成为引领学生构建理想信念、激发地理学兴趣的平台

联合实习每年在中国南方和北方交替举行，使同学们极大拓展了地理视野，形成了对国情特征的深刻认知。各个实习承办单位考虑到参加学校的地域差异，在实习内容中均加入了相应的地域特色实习内容。如，在我校承办的联合实习中，加入了上海城市文化地理实习的人文地理实习内容，通过对上海城市空间结构的短期实习，强化了同学们对城市地理与文化地理部分的认识。这不仅有效提升了联合实习的效果，而且使同学们提升了从专业角度对国家成就的认识，夯实理想信念的平台，极大地激发了同学们对地理学学习的热情。

2. 连续 11 年成功实施，品牌初步形成

自 2009 年华东师范大学等 5 所院校发起全国地理学基地联合实习以来，各个基地参与热情高涨，联合学习已连续 11 年成功组织实施。参与的院校队伍不断壮大，从最初的 5 所院校发展到 2019 年的 40 多所院校，从基地院校走向了非基地院校，从大陆院校走向了港台院校。基地联合实习虽然由各个理科基地院校自发组织形成，但得到了教育部、国家自然科学基金委和中国地理学会的长期关注。

中国地理学会理事长陈发虎院士、副理事长张国友教授等多次参加联合实习启动仪式，对各个高校开放共享实习资源、提升地理学拔尖人才培养的模式给予了充分肯定。

3. 引起广泛关注

联合实习人才培养模式改革受到了学界和社会的关注，也得到了教育部、国家自然科学基金委和中国地理学会的高度重视和支持。《中国青年报》《中国教育报》《中国科学报》《解放日报》《文汇报》《东方教育时报》《新民晚报》《福建日报》等各大报纸人民网、新华网、中国新闻网、凤凰新闻网、中国日报网、科学网、雅虎教育等网站媒体也多次报道。

联合实习切实提升了学生的综合素质，为国家培养地理学拔尖人才提供了重要平台。同学们在一起相互学习、相互交流，共同完成任务，提高了学习兴趣，锻炼了自主学习能力，培养了团队合作精神。野外实践综合训练真正让学生体验、体会了家国情怀，夯实了基础知识和专业技能，提升了综合素质。在拔尖计划 2.0 人才培养的背景下，全国地理学联合实习体系将进一步优化实习线路，按照"两性一度"原则充实内涵，为我国地理学拔尖人才培养提供高水平的实践平台。

（2021 年 7 月）

打造数学高地，培养一流人才

北京大学

数学科学学院

2005年，钱学森向时任国家总理温家宝提出一个问题（后来被称为"钱学森之问"）："为什么我们的学校总是培养不出杰出人才？"

自2009年始，北京大学数学科学学院启动了数学学科拔尖人才培养计划，分基础数学和应用数学及统计2个方向选拔培养数学领域的优秀本科生，经过10多年的探索和实践，已逐步形成"一手抓课堂教学，打下坚实学科基础；一手抓科研训练，提升科研创新能力"的培养模式。

2019年，北京大学数学科学学院举办应用数学暑期学校

一、课程体系建设

身为基础数学拔尖计划班主任的戴波副教授在接受采访时表示:"在数学科学学院已有的完整、高质量的培养体系基础上,我们为有研究兴趣的同学提供自由、良好的学习环境,并给予他们针对性的指导,以充分发挥他们的能力优势,从而培养一批高素质数学人才。"目前,拔尖计划已成功举办了一系列的基础课程改革、拔尖课程、国际短期课程、暑期学校(国际与国内)、国际暑期科研、国际整学期学习计划、讨论班以及学术报告等,通过各种形式促进教学方面的建设和发展。

"大多数数学科学学院的本科生在入学的前两年不分专业,学习分析、代数、几何等基础课,到大二下半学期决定自己的专业,从大三开始按照较宽口径的专业培养方案学习。"数学科学学院副院长李若教授介绍。前两年基础课程的学习,成为学院判断一位同学是否适合进入拔尖计划的重要指标。

在基础数学方向,同学们在大一下学期末以及大二下学期末有 2 次进入拔尖计划的机会;应用数学及统计方向的选拔则在大二下学期进行。进入应用数学及统计方向拔尖计划的同学成了全校最晚选择专业的人——他们可以到大四时再选择专业,而在大三时按照应用数学拔尖人才培养计划指导小组制定的培养方案学习,并根据研究需要参加本科生科研和应用数学暑期学校中的相关课程。对于低年级不指定专业的培养方案,李若说:"这给同学们打好了基础,开阔了视野,可以避免盲目分专业带来的弊端。"

想要站在"金字塔尖"并非易事。据统计,在数学科学学院每个年级的近 200 名本科生中,仅有约一半的同学可以加入拔尖计划中。但是,李若告诉记者:"拔尖计划在实施过程中不断完善教学体系,建设了更多、更好的专业基础课程及选修课程,事实上,全院其他同学即使没有加入拔尖计划中,也能够根据自身实际情况和发展需求进行自主选择。"

在数学科学学院开设的基础课平行班中,向全院所有同学开放数学分析、高等代数、几何学这 3 门被同学们戏称为"三高"课程的"实验班"格外引人注目。这正是在拔尖计划的推动下,数学科学学院针对希望更深入学习这"三高"课程的同学们开设的。在大课学习之外,同学们还可以参加师生互动学习的"三高"讨论班。

2018年，北京大学数学科学学院举办基础数学国际暑期学校，拔尖计划本科生与莫斯科国立大学教授亚历山大·哲格洛夫（Alexander Zheglov）在课后讨论问题

戴波介绍："在'三高'讨论班上，除了教师讲授之外，把一部分课堂交给了同学，同学们需要根据课程要求在课堂上作报告，这给了同学们在'三高'课堂之外自我提高的机会，也有助于同学们锻炼自己的自学能力和表达能力。"

除此以外，为满足同学们的学习需要，数学科学学院几乎所有的研究生课程都面向本科生开放。为了更深入地学习概率论，陈龙在大四时选修了研究生课程高等概率论，掌握了如何在测度论的基础上来构建概率论的方法，还收获了90多分的成绩。"辛几何""群论""低维流形""应用偏微分方程""计算流体力学"……在这些从名字上看起来就不容易学的研究生课堂上，选课的本科生成为了活跃在其中的一道亮丽风景线。

2018年，北京大学数学科学学院举办基础数学国际暑期学校，北京大学、莫斯科国立大学、东京大学及首尔大学四校学生进行学术讨论

二、本科生科研

除了完成课堂学习外，拔尖计划的同学们还需要积极参加学术报告，并跟随拔尖计划导师进入课题组参与科研。课题研究、问题讨论、文献汇报等成了参与本科生科研后拔尖学生与导师之间的常态。科学与工程计算系 2015 级本科生谢彦桐在接受采访时表示，参加本科生科研以来，每个星期的论文阅读、一个学期 2~3 次讨论班的主讲等这些在指导教师周珍楠带领下开展的学习和研究，都让他受益匪浅。

事实上，数学科学学院设有基础数学、计算数学、概率、统计、信息科学、数据科学与大数据、金融数学等多个方向。这些方向的约 100 位老师都可以指导本科生科研。在拔尖计划之外的同学，也能根据自己的研究兴趣，从大二下学期开始选择合适的老师、课题进行本科生科研。在拔尖计划的带动下，全院本科生的学习和研究热情都得到了很大提升。

为培养同学们的国际视野，学院还鼓励大家利用暑假出国学习交流或在国外教师的指导下进行科研探索。正是通过学院牵线搭桥，谢彦桐得到了与美国普渡大学胡婧玮老师合作的机会。他利用大三暑假的时间，开启了神经元电位模型数值分析的探索之旅。

近两年来，数学科学学院还打造了一批聚焦科研一线的"3+X"讨论班，像规范场理论、Floer 理论、Gromov-Witten 理论这样的学科前沿就是这类讨论班关注的热点。"这些讨论班可以帮助同学们尽快了解前沿研究领域。我们也希望通过这些讨论班激发他们的数学兴趣，让更多的优秀学子留下来继续学习和探索。"戴波说道。

三、本博连读特别计划

为鼓励同学们留校深造，数学科学学院为选择国内深造的同学制订了本博连读特别计划。该计划在学校学位培养制度的框架内，为大三下半学期同学开通读博的绿色通道。李若表示："这项计划可以帮助同学们充分利用大四的时光，省去出国准备、选择继续深造高校等大量时间，帮助同学们更快更好地在学术上成长起来。"选择这个计划的同学，大四就进入博士阶段的学习，本科毕业后再通过 4 年的学习与研究就可以取得博士学位，和出国攻读博士学位相比，节省了

2~3年时间。

弹指一挥间，来年花更红。拔尖计划已实施10多年，不少曾经的参与者已经开始崭露头角。如基础数学方向拔尖学生韦东奕已在《理论数学与应用数学通讯》(Communications on Pure and Applied Mathematics)、《数学科学通讯》(Communications in Mathematical Sciences)等国际著名数学期刊上发表论文逾10篇。

李若表示，面向未来，数学科学学院有信心培养出"黄金一代"。目前，学院正在实施拔尖计划2.0，高标准、严要求、全方位培养面向基础数学和应用数学及统计方向研究前沿的精英人才，为把我国建设成为世界主要科学中心和思想高地贡献数学力量。

2018年，基础数学国际暑期学校合影

（2021年10月）

云端化学国际项目开启后疫情时代拔尖人才国际化培养新格局

四川大学化学学院

马晓爽

拔尖计划 2.0 的开启对拔尖人才的国际化培养提出更高的要求。四川大学化学进一步从质和量两方面提升拔尖学生的国际化教育内涵。自 2020 年以来，新冠疫情对学生出国交流产生了一定的影响，但是国际化培养不能因此而终止。学院积极探索后疫情时代的国际化培养模式，在努力开拓国外高质量合作院校的同时，也主动与国外高校商讨定制符合化学拔尖班学生特点的线上课程，如 2020 年与英国剑桥大学合作开展"剑桥大学化学云端课程"，2021 年与英国牛津大学合作开展"牛津大学化学云端国际交流定制项目"。开辟线上国际化路径弥补了拔尖学生因疫情无法出国访学的遗憾，也是特殊时期培养兼具本土情怀和国际视野拔尖人才的有益尝试。

一、2020 年剑桥大学化学云端课堂——突破疫情封锁，开展拔尖人才线上国际课程

新冠疫情的"突袭"扰乱了学校各项常规教学活动安排，学院原计划组织拔尖学生赴国外交流学习的方案只能搁浅，决定筹划开展线上国际课程，持续提

升拔尖学生的国际学术交流能力。依托与英国剑桥大学的合作，学院与剑桥大学格顿学院（Girton College）积极沟通，确定由剑桥大学戴维·克伦纳曼（David Klenerman）教授课题组研究员约翰·丹尼尔（John Danial）为拔尖学生在暑假期间开设一门线上化学课程。Klenerman 教授课题组的主要研究方向为单分子荧光检测和纳米扫描探针合成。对于尚未进入科研领域的大二的拔尖学生来说，这是一个了解化学国际前沿研究的机会；而对于已经对该领域具有浓厚兴趣的学生而言，也许会通过本次前沿课程开启未来的科研深造之路。

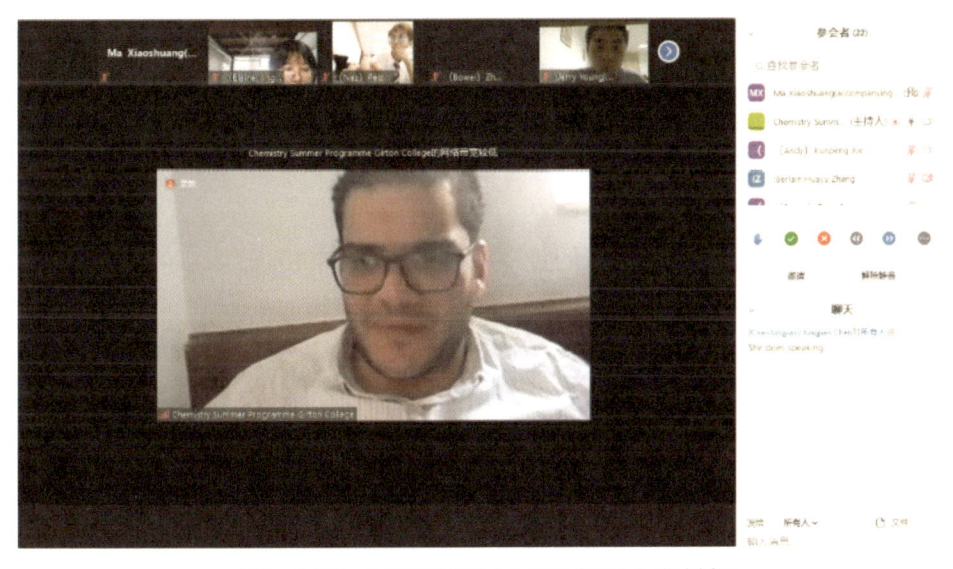

剑桥大学约翰·丹尼尔研究员为化学拔尖班学生在线授课

课程通过远程直播，围绕纳米扫描探针合成与应用以及单分子荧光检测等相关知识逐渐推进，总共 18 学时，为期 1 周。化学拔尖班学生以剑桥大学格顿学院访问学生的身份注册，可使用剑桥大学教学平台 Moodle 获取课程及教学资源。课程讲义和文献、课程视频等都会上传至该系统，供学生反复观看学习。线上课程的主讲人 Danial 博士是课题组一位年轻的研究员，在正式上课前以轻松幽默的方式介绍了自己的学习经历和科研方向，阐明课程进度安排及考核方式，并请同学们一一介绍自己的情况和学术兴趣。为鼓励同学们积极参与课程讨论，Danial 博士在之后的课程中设置较多的提问和讨论环节，作为最终成绩的重要考核指标。开始时，由于大部分学生都是第一次参加线上全英文课程，老师较快的语速和隔着电脑屏幕的线上交流模式等因素导致理解和交流不够顺畅。但随着同学们加强课前阅读、课后回看视频复习，语言问题逐渐解决，大家的状态越来越好，课堂互动也愈加高效、频繁。

　　课程结束之后，考核以小组线上汇报的形式进行。每组负责一个课题，老师会根据选题推荐一些参考文献和查找相关资料的渠道，由各小组自行分工，在指定的时间里进行资料查找、文献阅读、PPT 制作及线上汇报。在准备考核的过程中，同学们不仅收获纳米材料领域的知识，还学会如何梳理思路、有效进行团队合作、以清晰的逻辑进行课题汇报。在学院首次尝试的云端线上国际课程结束之后，大多数学生为有机会进行线上国际课程学习而感到欢欣鼓舞，认为本次线上化学课程是本科期间一次前所未有的体验。当然，初次尝试必然有局限性，也有学生表示本次线上国际课程的方向单一，与自己的科研兴趣不契合。学院认真听取学生反馈，将学生的建议用于下一年国际课程规划中，力争给学生带来更具成效的国际课程体验。

二、2021 年牛津大学化学云端国际交流项目——探索后疫情时期线上拔尖人才个性化国际化培养模式

　　2021 年，新冠疫情的全球蔓延让线下国际交流渠道依旧不通畅，结合 2020 年线上国际课程筹备经验，学院计划进一步深化与国外化学强校合作，与英国牛津大学商讨启动多元化学线上国际化培养项目，定制包括有机化学、分析化学、化学生物学及药物化学等多个方向的前沿课程，以满足拔尖学生多元的学术兴趣；同时，专门增设线上 Research Design Sprint（科研设计冲刺）和 Chemistry Exchange Roundtable（化学圆桌论坛），大幅提高拔尖学生线上国际交流项目的参与度，持续加强学生的国际学术交流能力。

　　此线上国际交流项目依然安排在暑假。课程由 5 位牛津大学及剑桥大学的化学教授讲授，包括牛津大学化学系安杰拉·拉塞尔（Angela Russell）教授、爱德华·安德森（Edward Anderson）教授、黑根·贝利（Hagan Bayley）教授，剑桥大学亚历山大·福赛（Alexander Forse）教授和奥伦·谢尔曼（Oren Scherman）教授，内容涉及药物化学、天然产物全合成、化学生物学膜蛋白、二氧化碳捕获及聚合物合成等世界前沿的研究领域。课程难度适中，旨在引导本科生透过一扇扇化学学习之门发现科研兴趣，激发学习主动性。此次课程的师资和内容都更为丰富，但这也意味着学生的学习压力更大，需要花更多的时间去了解多个研究方向。每位教授课前都会指定很多文献供学生提前阅读，以便充分利用课堂时间进行难点

讲解和互动。从学生的情况能看出，花越多的时间在课前准备上，课堂上的收获就越大，与教授互动时就越自信。同时，牛津大学化学系博士生艾丽（Ally）同学担任本次线上课程的助教，带领同学们课前预习、课后复习并答疑，协助同学们更准确地识别和思考不同研究课题的难点。

牛津大学黑根·贝利教授为化学拔尖班学生在线授课

每位教授的授课方式都别具一格。如牛津大学的 Russell 教授在讲解药物化学知识之余，结合个人经历和信念激励女同学们专心科研、热爱生活，不要让性别成为束缚自身发展的因素；牛津大学的 Bayley 教授作为 Oxford Nanopore（牛津纳米孔科技）的创始人，给同学们带来有关 3D 打印合成组织及胃肠道生物工程方面的前沿讲座，他细致耐心的讲解给同学们留下了深刻的印象；而剑桥大学的 Forse 教授以清晰的逻辑层层推进，讲解了碳捕集的定义及如何利用电化学的方法进行二氧化碳捕获和释放循环。丰富多彩的全英文线上课堂给同学们带来了一场耳目一新的学术盛宴，让大家在学习新知识的同时体验文化碰撞，思考世界不同地区化学研究的模式和生活方式。

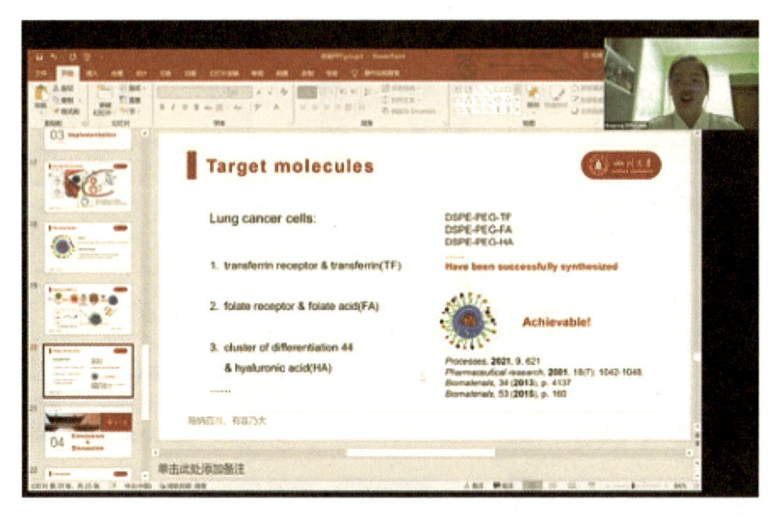

化学拔尖班学生线上汇报

线上化学圆桌论坛是为了让化学拔尖班学生体验一场完整的国际学术交流活动而设置的，邀请 4 位牛津大学化学专业在读研究生参与，与学院本科生一起自由交流探讨关于化学未来发展的热门话题，如"未来十年化学领域最有潜力的研究方向是什么？""如果基础研究没有在应用中实现，该怎样评价它的价值？"等。受邀参加的牛津大学同学们还介绍了他们在牛津大学的研究工作及化学专业的发展前景等。

科研设计冲刺（Research Design Sprint）环节也是本次线上国际项目的亮点，旨在教给化学拔尖班学生一套科研实践热启动的方法，为将来深造阶段的科研工作打下基础。科研设计冲刺训练由牛津大学的老师和博士生带领，引导同学们自主探索研究领域，调查研究背景，确定研究方向，经过大胆假设、小心求证，整理归纳自己的研究成果。牛津大学化学系研究生兼化学社团主席艾玛（Emma）同学为大家讲解了科研设计冲刺的整个流程及方法，并进入每个讨论组帮助大家整理思路，指导同学们在特邀教授的点评下完成分组研究汇报。科研设计冲刺训练论题涉及化学的多个领域，如与绿色化学相关的"如何使化学研究本身更环保？"、计算化学方面的"人工智能在化学研究中如何被利用？"每个拔尖学生都要全程参与到研究问题的调研准备中，其间与指导教师和 Emma 同学进行反复讨论。科研冲刺训练让学生摆脱了"标准答案"的束缚，得以自由地进行科研探索，进而锻炼科研思维能力，激发科研潜力，为进入科研领域储备认知。

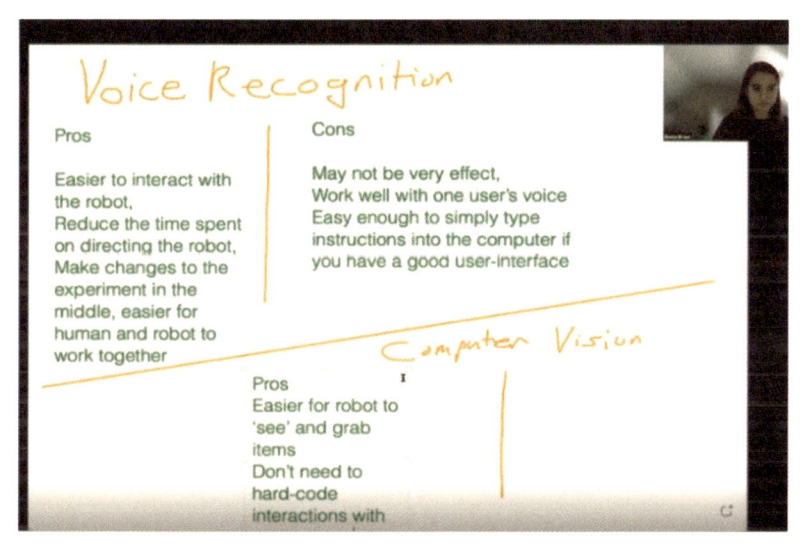

牛津大学化学系研究生指导化学拔尖班学生设计思维导图

2021 年云端化学拔尖班国际交流项目以同学们分组汇报的形式结束。由牛津大学和剑桥大学的教授组成的评委会根据小组整体的汇报情况和每位同学的个人表现情况进行评估，对同学们今后开展学术科研工作给出建议。很多同学反馈参加此次线上国际项目收获颇丰，暑假十几天的努力钻研换来学术视野的开阔和英语交流能力的提升，非常值得。

三、拓展化学国际拔尖人才培养路径，建立线上线下多维度国际交流渠道

培养具备国际竞争力的化学拔尖人才是一个长期的过程。全球化时代的发展趋势要求我们将国际化融入人才培养的整个过程，而疫情的到来也引发我们对拔尖本科生国际化教育的思考，促使我们立足现实需求，以更理性的方式探索多元的国际化培养机制，来更好地满足学生个性化的学术提升需求。我们总结了过去

2年与英国牛津大学、剑桥大学合作开展的化学拔尖本科生线上国际学术项目的经验与不足，也认真听取了学生对国际化培养的反馈和需求。很多学生表示很喜欢圆桌论坛这种与国外学生交流的方式，因为学生之间的交流更加轻松，更能理解彼此的想法和需求，所以除了学习，还能得到其他的收获。我们重新审视、思考疫情前常规的国外实地访学项目，结合学生反馈，计划在接下来的国际化培养项目中，增加由学生主导的参与、展示环节，让学生在"吸收"知识的同时及时"输出"所学，以最大程度实现知识的巩固和高效利用。

在全球疫情防控成为常态化的共识下，建立线上—线下联动的国际合作培养模式是未来拔尖人才国际化培养的必然趋势。而化学作为一门实验学科，长期采取远程授课和研讨的方式不能从根本上满足提升学生国际学术能力的需求，因此，我们也需要充分发挥学业导师等专业教师的力量，通过学业导师的国际学术科研合作桥梁，引导学生在远程修读国际课程的同时在导师的指导下开展实验工作，以更全面和灵活的方式开展后疫情时代国际学术能力提升项目，让国际交流环节在人才培养过程中发挥最大的能效。

（2021年10月）

拔尖卓越，孜孜以求

北京航空航天大学

张宇涵

北京航空航天大学（简称北航）拔尖计划承载学院高等理工学院（简称高工）的学子，会在大一时广泛地学习数理知识、夯实数理基础，在大一期末进行自由的专业选择。这种模式一方面为我们未来的专业学习打下了深厚的数理基础，另一方面让我们可以在真正接触并适应大学生活后，通过逐渐提高的专业认知和逐渐明晰的兴趣方向更合理地选择专业，而非在高考结束后就匆忙、急促地"盲选"。虽然同为学生，我们在高中和大学的心态却颇为不同。高中老师常说"到了大学你们就轻松了"，但所有高工学生都明白事实并非如此。要在入学获得优异的成绩并全方位地发展自己，需要不少于高中的努力和付出。但在高中，我们的目标只是考上理想的大学，眼里也只有高考，对于高考后的生活心有迷茫，更别提自己未来的专业方向——"等到高考之后再考虑吧"可能是很多人的真实想法。高等理工学院的专业选择模式打破了这个困境。在大一的适应过程中，我们知道人生不只需要学习课本知识，还需要实践劳动和规划生活。通过一年的培养，我们逐渐明白技能无法样样精通，在必要时必须分清轻重缓急、有所取舍，特别是对于专业选择，我们将通过充分的了解，并结合自己的兴趣做出最佳决定。

高等理工学院不仅为我们提供了选择的机会，而且提供了很多资源来帮助我们选择。大学进校后的梦拓（导师，mentor）、发展导师、学业导师等，都为我们打开了一扇能更便捷地了解大学生活和专业魅力的窗。在拿到大学录取通知书后不久，我们将与梦拓建立联系。1位梦拓对接4~5位同学。通过频繁地沟通交流，我们在还没正式进入大学之前就对大学有了一个初步的认知，这为我们适应大学生活提供了极大的帮助。大学新生报到时，在梦拓的带领下，我们迅速地布置好了宿舍、熟悉了校园。与梦拓不同，发展导师在学业上给我们更有针对性的指导。作为高等理工学院博士生班的优秀学长学姐，他们对知识体系有较完整的理解。在他们的指导下，我们在选课、学习、科研等方面都更为明确。除此以外，学院还开设了学科前沿讲座和职业规划讲座。在学科前沿讲座中，各个专业的老师们对其方向的前沿领域进行了科普性的讲解，使得我们广泛接触到各个领域的前沿知识。刚进大学的我们虽然无法完全理解那些高深的知识和方法，但仍然被多彩的云图、复杂的链接结构等吸引，有很多同学也因此明确了自己热爱的专业方向。在职业规划讲座中，老师带领我们分析自己的职业心理类型，教会我们如何在职业规划中科学分析，了解职业规划中最需要关注的问题，使得我们对职业规划有了科学的方法和正确的认知。

高等理工学院也给我们提供了一流的师资和科研资源。高工的我们不仅可以接触到本校最优秀的教师，还有来自北京大学、清华大学等学校的优秀教师来给我们上课。这些老师使得"数学分析""高等代数"等看起来艰深的课程变得有趣了起来，极大激发了我们的学习兴趣，也帮助我们打牢了数理基础。对于专业课程，以计算机科学与技术系里艰深的"计算机组成原理"为例，计算机学院最优秀的教师亲自给我们授课，老师幽默风趣、通俗易懂、深入浅出的授课方式使得这门课程成为我大学四年中最喜欢的一门课程。关于科研资源，高工为每个学生配备了对应专业的科研导师，使得我们在大二就可以获得难得的科研机会。除此以外，高等理工学院也和很多国外高校有着密切的联系。借助学院的平台，我和几位同学分别赴加拿大蒙特利尔大学、美国里海大学、英国爱丁堡大学等国外知名高校进行科研实习。以我为

大雪中的蒙特利尔大学校牌

例，我前往的蒙特利尔大学是国际知名的研究型大学，我在其计算机系语言实验室进行了为期4个月的科研实习。在教授的指导下，我深度参与了一项关于关系抽取的科研项目。在这段经历中，我学习到了自然语言处理和关系抽取方向的知识，科研能力得到了提升，同时体验了加拿大的风土人情。在科研实习的最后，我们的工作成果还成功地发表在了相关领域的知名会议论文中。

得益于学院的培养，我还在大二的暑假获得了在知名人工智能公司旷视科技研究院实习的机会。在这5个多月的实习中，我体验了在公司做科研的工作状态，进行了数项关于计算机视觉和图像识别的科研工作。近几年，计算机视觉这个领域发展迅速，现在已经应用在了手机支付、安防、自动驾驶、医疗等各种领域中，获得了极大的成功。但科研和产品总有一线之隔，计算机视觉的研究还有很多没有解决的问题。在我的研究中，我聚焦于图像识别这个领域，对人脸识别、行人再识别以及细粒度图像检索等任务进行了探索，提出了一个通用的方法来提升识别检索性能，并发表了一篇顶级会议的论文。现在，我在国内最顶尖的人工智能研究院之一——微软亚洲研究院进行科研实习。如今，我聚焦于使用强化学习来解决非完全信息游戏。非完全信息游戏的研发相比完全信息游戏更具挑战性，在这段经历中我有了许多收获，并且仍在孜孜以求、持

在微软实习时的工位

续努力。因为以上的经历，我非常荣幸地在2020年高等理工学院奖学金的评选中获得"科技之星"称号。

我的这些成就得益于高等理工学院对我的培养和给我提供的诸多机会，使我从大二开始尝试科学研究，至今经历了数个科研项目，这一路上都离不开学院和拔尖计划的支持。在此祝愿拔尖计划和承载拔尖计划的高等理工学院可以再创佳绩，为更多的同学提供更广阔的平台和更丰富的机会，助力他们取得更加优异的成绩和更加瞩目的成就。

（2022年1月）

科研融合实验课程教学模式探索，培养拔尖创新人才

南京大学

张冬梅、朱景宁

一、引　言

拔尖创新人才培养是促进国家科技进步、提升综合国力的重要手段。高等教育必须承担起以"中国梦"引领培养拔尖创新人才实现中华民族伟大复兴的重任[1]。人类文明发展史已反复证明，人才的竞争是国际竞争的核心环节。"钱学森之问"说出了民族之痛。如何培养出国际学术界的领军人才、大师级人物？高等教育人才培养模式亟须变革并形成中国方案。

《国家中长期教育改革和发展规划纲要（2010—2020年）》首次提出"培养拔尖创新人才"，以应对经济全球化快速增长以及科技竞争的日趋激烈。历经10余年实践，在拔尖计划的推动之下，国内高等院校在课程体系[2]、国际化培养模式[3]、创新训练成效[4]、复合应用型人才培养[5]等方面均取得了质的飞跃，围绕拔尖计划促进本科生深度学习的动力学机制方面也展开了充分的论证和研讨[6]。拔尖计划为把我国建成世界主要科学中心和创新高地奠定了重要的人才基础[7]。这些总结和思考为拔尖计划的深度实践与创新培养模式打下重要的基础并提出了更高的要求。高校应结合本校的学科和专业特色，构建与优化基础学科拔尖学生培养体系，逐步形成个性化的选拔、培养、评价方案[8]。

南京大学生命科学学院的前身为中国大学历史上第一个生物系。生物学入选国家一级学科重点学科、教育部首批"双一流"建设学科和国家级一流本科专业建设点，全国第四轮学科评估成绩为生物学A、生态学A-，8个学科进入ESI全球排名前1%。生命科学学院依托拔尖计划2.0、强基计划、国家生物学理科基地、国家生命科学与技术人才培养基地、生命科学国家级实验教学示范中心和医药生物技术国家重点实验室、南京大学人工智能医药生物技术研究院等多个政产学研用一体化平台，改革、探索并形成了彰显南大风格、中国特色、世界一流的生物科学拔尖人才培养体系。

二、以能力培养为目标的探索性高阶实验课程教学新模式

生命科学在解决人类健康、环境污染、资源耗竭等重大问题上发挥巨大作用，其研究内容从微观到宏观、从结构到功能，强调生物分子结构与功能的关联。随着科学技术的飞速发展，生物科学与生态学、医学、药学、农学、计算科学乃至社会学等学科之间的交叉和整合的发展趋势愈加明显，对"大生命科学"拔尖创新人才的培养提出了更高的要求：生命科学的教学如何在有机融合最新研究成果的同时培养学生的独立思考和原始创新能力？

在基础学科拔尖人才的培养过程中，实验教学是将课本知识转化为实践能力、培养和筛选具有创新意识且敢闯会创的一流人才的关键。"生物化学实验"不仅是生命科学学院生物科学、生物技术、生态学和药学专业的专业核心课程，是"承上启下"的重要基础课程，而且是生命科学相关学科专业，如临床医学、口腔学、环境化学、环境生物学、物理学、生物医学工程、化学、应用化学等专业的基础课程。南京大学生命科学学院以"生物化学实验"课程为实践教学改革试点，聚焦科研融合实验教学模式的探索和教学质量的提升，提出并建成了"基础—综合—探索创新"三级进阶式实验课程教学模式，并积极推广至所有专业核心课配备的实验课程群，将实验教学课程建设为更加注重学生创新思维、团队协作以及发现和解决问题能力培养的教学平台，全面提升学生综合科研素质，培养具备深厚理论功底、富有开拓精神、勇于创新实践、具有国际竞争力、堪当民族复兴大任的高层次生命科学精英人才。

1．培养思维方式、提升研究能力的三级进阶式实验课程教学新模式

南京大学生命科学学院"生物化学实验"课程的设计以注重学生创新思维、团队协作、发现问题和解决问题能力培养为教学目标，将核心教学内容定位于使学生巩固核心知识、理解基础原理、掌握基本技能（包括组分鉴别、结构分析、性质鉴定和功能检测等），并在此基础上进行了实验教学新策略的选择与规划，通过三级进阶式的课程设计结合探究式学习来支撑学生思维方式的培养和研究能力的提升，促进拔尖人才的多元化发展。

基于这样的改革思路，南京大学生命科学学院开设了国家级一流线上课程"生物化学实验"。该课程由张冬梅教授领衔的江苏省"青蓝工程"优秀教学团队执教，探索并完善了线上线下混合式"生物化学实验"课程教学体系，将实验课程从以传统验证性实验为主的教学提升到问题探究式实验教学，培养学生的思维方式和研究能力；建设的"生物化学实验"慕课内容涵盖糖、脂、蛋白质、核酸、酶、代谢等重要主题，以"原理解读""实验操作""讨论拓展"三个模块呈现教学单元内容；全过程实景拍摄实验操作过程，着重演示关键技术和现象观察，详细讲授关键原理和数据结果分析；为体现实验性学科特色，课程以了解单元相关领域进展和技术应用为导向，利用"原理解读""讨论拓展"作为"实验操作"的引导和总结，启发学生将理论知识与实验技能训练相结合、将课程学习与科研进展相结合；三个模块的框架设计促进学生自主学习储备知识，极大拓展了实验课程学习时空，更为重要的是，为高阶段的课程学习奠定基础。

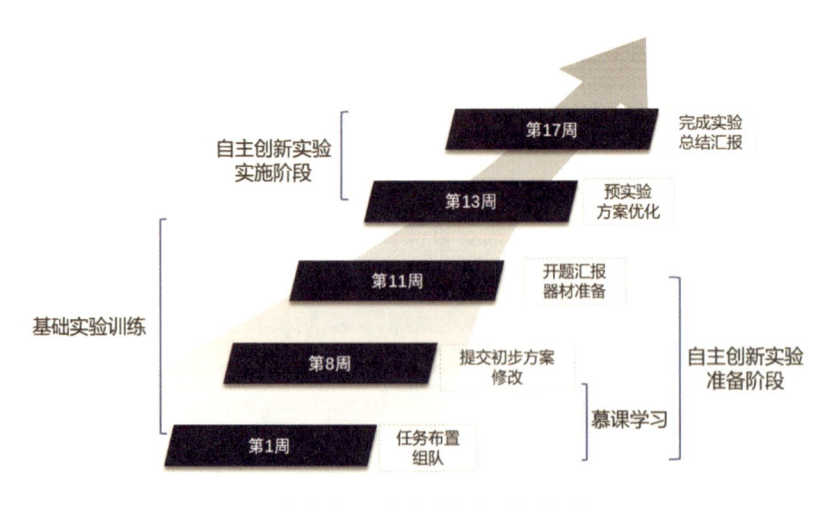

三级进阶式"生物化学实验"课程设计

"生物化学实验"课程设计为三级"进阶式"层次化教学。阶段一：慕课学习，历时12周，开学4周前开课，在学期的前8周紧密围绕慕课内容开展课堂拓展讨论，在学期第8周完成慕课学习。阶段二：基础实验操作实训，学期第1~13周，开展线下课堂教学，通过基础实验操作实训，引导学生掌握生物化学分析方法的原理、实验方法和技术。阶段三：自主探索创新实验，学期第14~18周，学生完成1个自主探索综合实验并汇报，以线下课堂教学结合问题探究式过程体验。阶段一、二中穿插安排自主探索综合实验的问题探究全流程，包括导师讲座、小组讨论、开题汇报、方案讨论、实验准备。

本课程在不增加学时的前提下，充分利用慕课拓展教学时间和空间效应，将慕课学习贯穿基础实验训练的前半段，在自主创新实验开始之前完成。学生线上学习并完成测试，可作为基础实验操作训练的预习环节，也为自主创新实验的方案设计和准备提供重要依据。课堂实践教学保留最重要的基础教学实验以训练学生的基本实验技能和规范，同时提升学生正确地观察实验现象、分析和总结实验结果、推导研究结论的能力，为自主设计创新实验留出教学空间并打下基础。自主设计创新实验体现个性化学习及成效，由学生自行组队，自主设计、准备并完成1个综合实验，并作总结性汇报，导师起引导和辅助作用。三个阶段的学习紧密衔接，充分利用课堂开展有难度、有创新的研究型实验训练，让学生在课堂中体验成长式学习和完成初步的科研训练。

2. 科研融合项目式教学激发学习动力，支撑能力培养

导师制最初是由英国牛津大学提出的一种"伴随式"人才培养模式[9]。南京大学生命科学学院"生物化学实验"课程很早就借鉴导师制中"培养自学能力和创新能力""帮助学业成长和个人发展规划""践行因材施教"的理念，围绕科研融合项目式教学开展探索和优化实验教学模式的创新实践，并在秉志书院导师制中进一步推广。

"生物化学实验"三级进阶式课程学习和教学的难点是阶段三，经过总结和思考，南京大学生命科学学院在拔尖班课程教学中提出了升级版教学设计方案，即实施科研融合、导师融入、创新能力评价体系为特征的项目式教学，充分体现前沿科学研究与课程教学的有机融合，整体提升拔尖班课程的要求和难度。新的进阶式课程设计仍然包括三个模块，即慕课结合验证性实验、创新性自主设计实验和科研融合高阶综合实验。每个模块均强调以学生为主体，经导师引导递进式学习，实践并完善过程性评价和能力考核的评价体系。其中，在验证性实验和创

新自主设计实验阶段，以培养复杂操作能力和过程性布局筹划能力为主要任务；在科研融合高阶综合实验阶段，导师引领学生了解科研热点和科研过程，培养科研思维和综合能力。

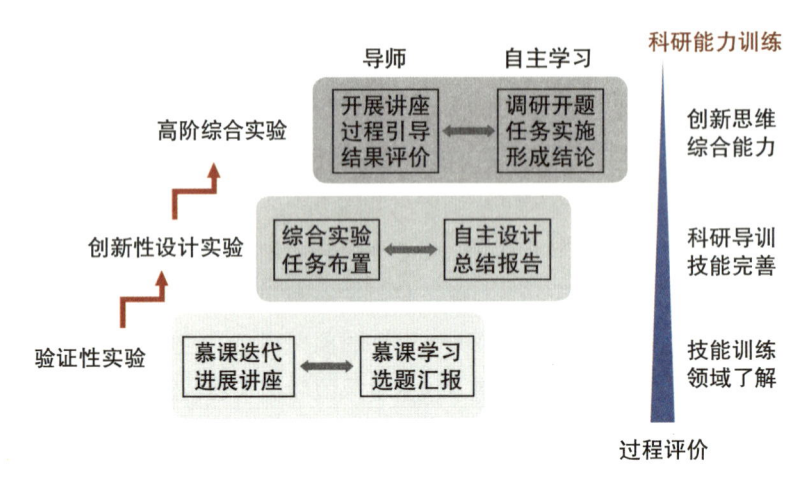

科研融合探索"生物化学实验"课程建设思路

科研融合高阶综合实验采取项目式教学，我们基于生物化学实验核心知识内容和课程目标，围绕"生物化学"的重要科学问题，规划了生物分子"结构与演化""新功能发现和解析""检测及应用新技术"三个主题，邀请不同学科方向的导师设计科研融合实验教学项目式案例。目前我们已经收集、设计并完善的案例有"核酶性质的初步研究""DNA二级结构初探""蛋白质标记策略及其应用""揭开一氧化氮的'神秘面纱'""'再读'遗传密码子""初步了解基因演化"等。这些案例强调专业兴趣引导问题解决的过程体验，提升学生主动解决问题能力。一部分案例已经完成多个学期的探索和实践，为进一步提升学生的学习内驱力、实现高质量的研究型实验教学奠定坚实基础。新的教学设计进一步提升了"生物化学实验"课程的高阶性、创新性和挑战度，为实验类课程达到"金课"标准做出有益的探索。

3. 科研融合实验课程教学培养拔尖人才终身学习能力和创新能力

南京大学生命科学学院拔尖学生对"生物化学实验"课程的三级进阶式设计从课时安排、内容设置、学习体验等方面都给予了正面的评价，其中重点肯定了慕课在混合式教改中的关键作用和推进意义。慕课将学习延伸至课堂外，把珍贵的时间留给自主创新实验。经历过"生物化学实验"的自主探究和科研融合项目式教学后，同学们对这种课程形式表现出高度的兴趣，纷纷表示更倾向于接受有挑战性的项目选题，体会到了有挑战性、有团队合作的新型实验教学课堂对自己的主动学习和原创能力发现问题、解决问题能力的提升作用。这样的教学探索使教学团队积累了很多创新性实验教学资源和教学经验，真正实现"教学相长"。导师们对这样的教学实践反馈更加积极，不仅增进了与优秀本科生的交流和了解，还可以发现并培养有科研潜质的学生。部分学生在学期结束后进入导师的课题组进一步科研实习，发展自己的科研兴趣和专长。导师反映这些学生对科研更主动，设计的实验更具原创性。更有意义的是，这些导师也为实验课程教学提供很多新的思路和优质的科研融合项目式教学案例，为实验课程教学新模式探索提供了重要支撑。

三、结　语

生命科学的发展离不开生物技术的进步。生物技术是继信息技术之后，新一轮科技革命和产业变革的核心，极大推动了生命科学研究不断向纵深推进。为顺应学科发展和高等教育现代化进程的推进，应创新"生物化学实验"课堂的教学内容和教学模式，将其建设成为拓展视角、训练思维、培养能力的最佳平台。我们将在这一理念的指引下不断拓展、深耕，探索更加合理有效的教育模式，利用生命科学学院及南京大学科研共享技术平台资源，在生物分子结构与功能研究方面实现相关课程之间、平台之间、院系之间甚至校际合作，使学生在发现问题、解决问题的过程中能自我构建知识体系，融通专业纵深发展和拓宽多学科视野，

科研融合项目式实验的开题讲座和结题汇报

培养探索精神和科学素养，为其未来发展奠定基础。

参考文献

[1] 郝克明. 造就拔尖创新人才与高等教育改革. 北京大学教育评论, 2004(2): 5-10.

[2] 高东磊, 周刚, 王强. 我国高水平大学拔尖创新人才培养的探索实践与启示. 高等教育研究学报, 2011, 34(2): 8-11.

[3] 周绪红, 李百战. 国际化引领新时代高校拔尖创新人才培养. 中国高等教育, 2018(2): 28-30.

[4] 嵇敏, 陈璐. 以问题为导向的大学创新训练对拔尖创新人才培养的成效研究——以河海大学为例. 大学教育, 2021(3): 27-29.

[5] 叶安胜, 王清远, 李勇. 应用型高校拔尖创新人才培养的探索与实践. 实验室研究与探索, 2019, 38(9): 247-251.

[6] 吕林海. 聚焦"两种兴趣"："拔尖生"深度学习的动力机制研究——基于全国12所"拔尖计划"高校的问卷调查. 南京师大学报（社会科学版）, 2021(2): 76-88.

[7] 于杨, 杨漫漫. "拔尖计划"实施十年：研究热点与问题反思. 高等理科教育, 2019(6): 27-35.

[8] 王娟, 杨森, 赵婧方. "拔尖计划"2.0背景下提升创新人才培养质量的思考与实践. 中国大学教学, 2019(3)：19-24.

[9] 李东成. 导师制：牛津和剑桥培育创新人才的有效模式. 中国高等教育, 2001, 37(8): 46.

（2022 年 1 月）

以生为本　教学相长
——"华罗庚讨论班"课程的探索与实践

中国科学技术大学
2018级华罗庚数学科技英才班

一、关于课程

"华罗庚讨论班"是中国科学技术大学（简称中国科大）华罗庚数学科技英才班（简称华罗庚英才班）的必修课程，也是该班的一门特色课程。该课程最初由欧阳毅老师提出设置，于2012年秋季学期首次开课，每周3学时，为期1年（共36个教学周），开课对象是华罗庚英才班大三的学生。"华罗庚讨论班"的主要目标是培养学生三个方面的能力：独立搜索和阅读文献的能力、交流能力（特别是课堂上清楚表述自己想法的能力）、科学论文写作的能力。在课程结束时，每一位学生都能独立报告自己的学习和研究成果，并完成符合科学规范的数学论文。

经过十年的探索实践，该课程的教学模式不断优化。总体而言，课程分成两部分：一是邀请资深学者介绍数学学科的具体方向和研究领域；二是学生选择自己感兴趣的数学问题进行文献调研，在老师帮助下完成学习，并向同学们汇报其所学内容。

也许在各个院校的数学专业的教学中，都会有类似的正式或者非正式的讨论班课程，而内容、形式不尽相同。"华罗庚讨论班"作为中国科大拔尖学生培养的一个案例，更关注本校拔尖学生的特点，致力于创建一个平等、开放的环境，将学习的主动权交回学生手中，注重培养学生的学习兴趣、独立思考与研究的能力。通过大师报告、师生研讨等形式，提倡学生自主思考、勇于提问、相互研讨和自主发展，鼓励年轻教师和学生在学习中、讨论中以及争论中共同进步与成长。

"华罗庚讨论班"是拔尖计划数学教学的一次有益尝试，随着成功经验的不断积累，日后将被进一步拓展到中法数学英才班和强基班的教学方案中。

二、任课老师有话说

梁永祺：一次教学相长的体验

作为 2018 级华罗庚英才班的学术班主任，我于 2020—2021 学年开设了这门课程。这门课程的具体运行模式会根据不同的任课教师而有所不同。我是第一次上这类课程，这次授课对我而言是一次非常有意义的探索。"华罗庚讨论班"与以往组织专业小方向内的讨论班并不相同：每个学生的学习兴趣并不一样，喜欢的研究方向可能有极大差异，所以讨论班上的演讲内容所涉及的数学知识很广，我不可能样样精通。然而这种研讨班的形式又是数学学科特别是基础数学研究中最为常见的一种学术交流模式，带领学生尽早进入这种学习和交流的模式尤为重要。

在吸取了多位以往任课教师的经验后，按我的理解，这门课程需要达到以下目标。

（1）学生们已经完成数学专业两年基础知识的学习，能够理解比较复杂的数学问题。大三的学生正处于对未来研究深造方向选择的迷茫阶段。希望通过这门课程，能够向学生们展示数学的不同方向以及各个方向有意思的数学问题。

（2）与中国科学技术大学的"大学生研究项目"相结合，让每位同学和一位导师联系，在其指导下学习一些具体的、经典的数学定理或理论。

（3）让学生们初步学会数学论文的写作方法，包括应用 LaTeX 相关软件、制作包含大量数学公式的 pdf 文件、规范引用参考文献和制作演讲用的 PPT。

（4）学会学术演讲所需的各种表达技巧，包括学术演讲的主次内容的选材、报告时间的控制、黑板板书（基础数学中最为常见的形式）的安排和 PPT 的要点取舍等。

（5）学会在聆听学术报告时提出好的问题，并结合自己的想法和报告人交流。

根据这些目标，我把这个课程主要分成两部分。首先，课程的前半段（以及后半段中穿插多次）邀请国内不同高校各数学研究方向的学者向学生们介绍他们关注的科研方向。希望通过这个过程，学生们能够了解各种不同的研究热点，并学会在听报告的过程中提出问题。这些经验丰富的学者们作的演讲也为课程后半段的学生演讲环节做了示范，潜移默化地告诉学生们什么样的报告是好的报告。其次，课程的后半段由学生们轮流作学术报告（开学初以抽签形式事先决定演讲次序），每位学生上台的总时间为 2.5~3 小时，包括一次短的介绍性报告和一次长的专题研讨班形式的报告，要求至少使用一次黑板板书和 PPT 讲演。课程综合评分包括学生们最后上交的综述报告、两次报告的现场表现、平时提问讨论的表现分数等。

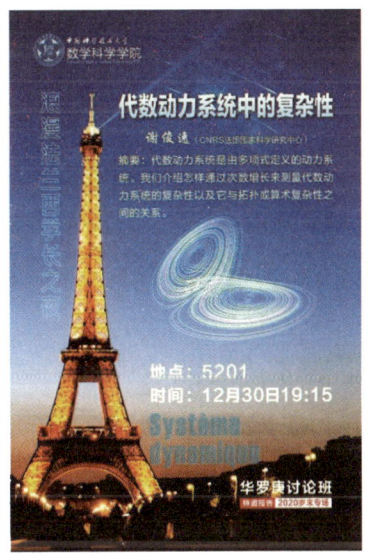

"华罗庚讨论班"特邀报告的部分海报

在学年开始之前的暑期，我就开始向近 30 位年轻学者发出了到中国科大作"华罗庚讨论班"特邀报告的邀请，并提出希望他们的报告区别于普通的科研前沿报告，内容由浅入深并带有科普性质，时长为 1~2 小时。最终，在整个学年的课程中，我们举办了线上、线下报告共计 14 场。报告涵盖了数论、代数几何、微分几何、动力系统、拓扑、偏微分方程、相对论、概率论、统计物理、图论等研究方向，介绍了包括朗兰兹（Langlands）纲领、庞加莱（Poincare）猜想、霍奇（Hodge）猜想、韦伊（Weil）猜想、纳维-斯托克斯（Navier-Stokes）方程、听音辨鼓等有趣的课题。

与此同时，这些科普性质的特邀报告也向全校师生开放，让更多的学生能了解数学前沿。每一场报告后的提问环节，学生们表现得十分积极，经常会提出有意思的问题。

北京大学章志飞教授作报告

在课程第二阶段的学生报告中，最终选课的 16 名学生分别完成了一长一短两次演讲。演讲过程中或演讲完成后，我会给予适当的点评。点评内容主要是报告的形式、选材、语言表达的清晰度等。当报告方向与我自己的研究方向相近时，我也会给出关于数学细节的评语。可以发现，报告经过第一次报告的点评，学生们第二次报告的质量有了明显的提升，例如时间控制得更好，报告内容选材的取舍更合理，黑板空间的分配更合理等。最后提交的报告的质量都很高，基本都符合科学写作的规范，有的 PPT 的设计堪称精美。可见有的学生确实是花了心思，把这当成一个作品而不仅是一个必须完成的任务。

组织完这门课之后，我自己也有不少收获。严格意义上来讲，这并不是一次授课，并非"老师教、学生学"的模式，而是让学生站到讲台上讲述自己所学的知识。在学生报告中，很高兴能听到一些有趣的课题介绍，例如"遍历理论在数论中的应用：2 的幂次的十进制表示的首位出现 1~9 数字的概率分布"。这些学生的报告也让我开了眼界，正所谓教学相长。

课程的最后，我收集了学生们的意见，认为课程还可以从以下几个方面进行优化：老师们的特邀报告基本能够覆盖基础数学的各大方向，如果还能涉及一些应用数学、计算数学，那会更好；特邀报告中个别方向的报告偏多，报告安排应该更加均衡；学生作报告的时候，如果能够邀请一位相关方向的老师参加并给予点评，课程效果可能会更好。

结课合影

三、学生们有话说

丁楠：我第一次接触了讨论班这种形式的课程，受益良多。最重要的是，我知道了如何进行数学科研工作，并被引领着走进了动力系统的大门。

付杰：我印象最深的还是北京大学章志飞教授关于 Navier-Stokes 方程的报告，他用不到两个小时的时间，给我们简要介绍了该问题的基本假设、背景、以及从邬思珏教授开始进行的一系列研究，使我产生了浓厚的兴趣，这也间接影响我选择了现在的流体方程的方向。

王玺斌：自己准备报告的过程是收获最多的：寻找一个自己喜欢的题目，在老师的指导下阅读相关书籍，将读过的内容进行整理并决定要讲的内容，使用 LaTeX 制作文件，在同学面前作报告并得到经验，作完报告后参考科研论文，使用 LaTeX 制作报告并提交。每一个步骤都是在之前的课程学习中未曾接触过的。我们在锻炼了各种能力的同时，开阔了视野，增长了对陌生领域的兴趣，增加了与不同方向的同学的交流。

叶子恺：在听其他同学或者老师报告的过程中，我接触到了数学不同领域前沿或经典的内容，让我对这些领域有了初步的认知。我的第二次报告是两小时全程板书，而且每一步都有详细的推导。在准备第二次报告的过程中，相比于平时囫囵吞枣的阅读习惯，我这次是从头到尾把论文事无巨细地推导了很多遍，也找出了原始论文里的一些错误，并成功找到方法纠正了错误，加深了理解，非常有收获。

周泽君：抛开数学内容不谈，报告详略得当、内容丰富、很吸引人，这也是值得我学习的。许多事情只有自己做过才理解个中滋味，作报告也是如此。讲数学不算难，但是要能真正让别人听懂、不走神，也要花许多心思。这是很愉快的体验，我喜欢用粉笔在黑板上涂画，潇洒舒畅。

郭龙欣：我们学到了许多课本之外的东西，比如如何用 LaTeX 规范地写论文、制作 PPT。我们很多人是第一次上台作这么正式的演讲，开始时难免会有些紧张，但讲着讲着突然就不紧张了。各个讲座和报告也让我们学到了许多前沿的数学知识，开拓了眼界，对数学各方面有了更深层次的认识。

姚一晨：在准备报告的过程中，我也有许多收获：如何挑选材料，完成一个尽量完整又不冗余的报告；用什么方式讲述，能够更加清晰、简洁；怎么用 LaTeX 编辑论文和制作 PPT 等。这些都是我以前没有考虑过的事情。

周佳诺：我曾经学习过代数几何和数论，但是因为兴趣原因并没有很深入地了解过这两个领域。这篇报告让我了解到了很多以前学习的时候没有发现的有意思的内容。如果多请一些老师来作报告就更好了。

王玺斌同学在作报告　　　　　　　　　　　　周泽君同学在作报告

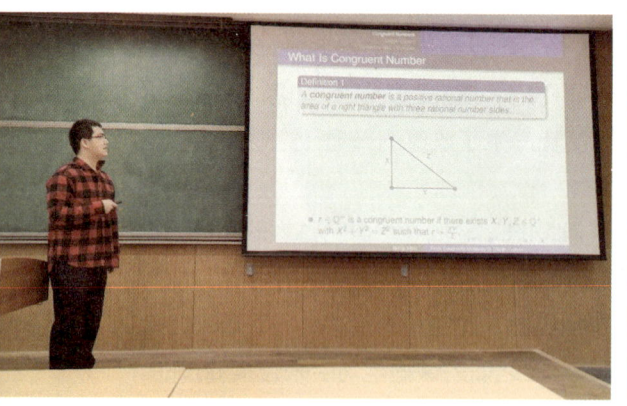

（2022 年 4 月）

"小荷已露尖尖角"

——走进华中科技大学化学拔尖1801班的故事

华中科技大学

刘丰睿、陈漠雨、陈子钊、陈浩然、李　亨

全班 23 人，21 人继续深造，大学四年班级平均总加权成绩达到 87.3 分。

今年毕业季，这个班晒出了亮眼的"毕业成绩单"：18 人将进入清华大学、北京大学、浙江大学、上海交通大学、南开大学等国内知名大学与研究所继续进行深造；3 人选择出国留学；其中有 7 人选择直博……这个班就是华中科技大学化学与化工学院 2018 级化学基础学科拔尖人才培养实验班（简称化学拔尖 1801 班）。

化学拔尖 1801 班合影

一、注重人才培养，专业能力提升

本着"厚基础、强实践、重创新"的基本原则，拔尖班旨在培养具备坚实的化学基础理论、实验方法和技能，受到科学思维和科学实验的基本训练，具有很强的基础研究、应用基础研究及科技管理综合能力的专业人才。

学院为拔尖班提供优质的学习平台，每年邀请多位学术领域的专家进行讲座，同时筹划多次国内外交流活动，先后组织学生前往北京理化所、大连化物所、长春应化所以及香港大学、新加坡国立大学等交流学习，进行为期9~21天的科研训练，让学生更早地接触科研。

前往大连物化所学习交流

前往新加坡国立大学学习交流

二、专属导师助力，科研实力提升

学院特设立"导师制"，为拔尖班的每位学生配备了专属导师，一对一指导学生开展科研工作。学生们在大一时进实验室观摩学习，在大二时进课题组进行科研训练，在大三时进科研团队从事科学研究，在大四时结合重点科研项目开展毕业论文。部分学生已经将成果转化为学术论文并发表在核心期刊上，已发表 SCI 文章 6 篇，包括《先进功能材料》(*Advanced Functional Materials*)、《纳微快报》(*Nano-Micro Letters*) 等高影响因子的期刊。其中，胡振同学还以第一作者身份发表 2 篇文章，分别收录在《高分子快速通信》(*Macromolecular Rapid Communications*) 和《今日材料通讯》(*Materials Today Communications*) 上。

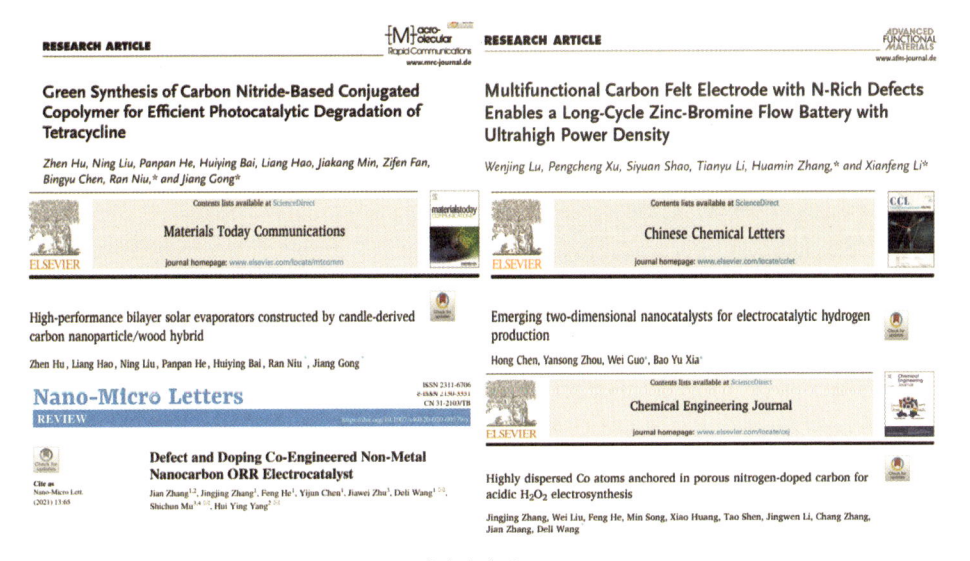

发表文章成果

三、投身科研竞赛，竞赛成绩提升

在良好的科研氛围下，拔尖学生积极参与各类科创竞赛，并多次斩获佳绩：全国大学生化学实验邀请赛一等奖（第一名）、美国大学生数学建模竞赛全球二等奖、全国大学生数学竞赛一等奖、求是杯科技创新竞赛二等奖、湖北省大学生化学（化工）学术创新成果报告会一等奖……同时，将专业知识与科技创新相结合，也是拔尖学生努力的方向：主持国家级大创项目 2 项、省级大创项目 4 项，以及校级或院级大创项目若干。创新实践已成为拔尖学生大学生活不可或缺的一部分。

部分竞赛获奖照片

四、文体活动放光彩，才艺技能提升

除了学习和竞赛，拔尖学生各怀才艺，在组织工作中锤炼品性、锻炼技能，在文体活动中激情澎湃、飞扬青春。

课业之余，文体平台也是拔尖学生的"秀场"。在学生社团文化节、新生杯、华工杯、合唱团新年音乐会等中，他们是积极的组织者、参与者。

参加丰富多彩的文体活动

五、班级建设中获荣誉，凝聚力提升

  每个人都是班集体不可或缺的一份子。得益于班级的凝聚力，拔尖班在班级建设中闪闪发光，获评华中科技大学本科生"校十佳特色团体"；两次荣获华中科技大学"优秀团支部"称号；连续三年获"优良学风班"荣誉称号；已有7人发展成为中共正式党员……

  班级进步与每位同学的成长密不可分，一起来听听几位同学的讲述吧！

何峰：班级浓厚的学习氛围鞭策着我始终严格要求自己：大学四年课程总加权成绩为 91.91 分，位列拔尖班第一；有幸获得国家奖学金、本科特优生、校三好学生等荣誉，并收到了清华大学直博生的资格。

拔尖班的校外交流学习与一生一导师制度，不仅开阔了我的眼界，而且让我更早地接触到了科研。我在大二上学期加入了王得丽教授课题组，在张建导师的指导下，不仅熟悉了科研的相关技能与技巧，而且取得了一些成果：负责的省级项目以优秀的成绩结题，参与发表的文章一篇为第一作者、两篇为第三作者等。

何峰同学

朱奕：在四年的学习中，我绝大多数课程的成绩达到 90 多分，现已被推免攻读北京大学化学与分子工程学院直博生。

我在课余时间还担任过学院 CAT 组织中微积分、概率论和分析化学讲师；大三时加入朱丽华教授课题组参与学习，承担了大创项目"新型钴基类芬顿催化剂的合成、表征及应用"并结题；大四时加入电气与电子工程学院赵龙教授课题组，研究辐射与化学的应用，完成了"电子束辐照降解头孢类抗生素"的课题研究。

朱奕同学

胡振：科研方面，我已完成两项独立课题。第一项课题"基于蜡烛衍生碳纳米粒子木材复合材料的高性能太阳能蒸发器研究"，论文于 2021 年 7 月发表于 *Materials Today Communications*（第一作者）。参与申报国家级大创项目"绿色合成氮化碳共聚物用于光催化降解四环素"，已以"优秀"的成绩结题。第二项课题"绿色合成氮化碳共聚物用于光催化降解四环素"，论文于 2022 年 3 月发表于 *Macromolecular Rapid Communications*（第一作者）。已保研至华中科技大学。

胡振同学

陈浩然同学

我还曾担任华中大资委会新闻部记者部部长、班级组织委员等。积极参与志愿者活动，包括跑步协会志愿者、九峰山动物园义工、于假期前往湖北恩施大卧龙村支教等。

陈浩然：我从大一开始接触学生工作。我在大一下学期成为入党积极分子，希望通过学生工作帮助有需要的人。在学生社团联合会（现学生社团指导中心）工作的四年间，我收获了很多：友情、技能、理想……我第一次感受到和朋友们为了同一个目标而奋斗的快乐。社团文化节，不只是我们自己的活动，也承载着我们的青春，还为我追求自己的人生提供了勇气。

大四的时候，我萌生了去支教的想法。我想亲自去看看最真实的祖国。因此，我放弃了保研，选择跟随研究生支教团开启人生新篇章，为我大学四年的学生工作生涯画上一个完美句号。

（2022年7月）

"一体两翼、四制五维"
——空天力学拔尖计划在北航

北京航空航天大学
空天力学拔尖学生培养基地

一、引　言

基础学科拔尖学生培养试验计划是国家为回应"钱学森之问"而推出的一项人才培养计划，旨在培养中国自己的学术大师。拔尖计划"聚天下有志之英才而培养之"，这一伟大目标的实现是时代赋予汇聚拔尖人才的"双一流"高校的历史责任。

航空航天是国家科技水平和综合国力的标志，是引领未来科技发展的核心力量；同时，力学作为研究物质机械运动规律及其应用的科学，是现代工业形成和发展的基石，一直以来都是拔尖计划的重点学科之一，也在以往每次航空航天科技的变革中发挥着引领作用。基于此，空天力学拔尖人才的培养是国家工程科技和基础学科的双重需求。

北京航空航天大学（简称北航）空天力学拔尖学生培养基地（简称空天力学拔尖基地）于 2021 年入选教育部拔尖计划 2.0 基地，是全国唯一一个以空天为特色的力学拔尖基地，聚焦空天科技领域对力学拔尖人才的需求，培养致力于研究空天力学的应用力学家。

二、北航空天力学沿革

北航作为新中国第一所航空航天科技大学，成立于抗美援朝的关键时期（抗美援朝纪念日即北航校庆日）。"为国而生，与国同行"——北航自诞生之日起就肩负起为国家培养航空航天拔尖人才的重要使命。

北航力学专业于2019年入选首批国家级一流本科专业建设点，在教育部第四轮学科评估中获评A-，2017年进入"双一流"建设学科名单。北航一直都是国内力学学科的头部高校之一。

北航力学专业通过沈元、陆士嘉、高镇同、李椿萱等几代力学人的不懈努力，已经成为国内最具航空航天特色的基础专业之一，一直致力于培养面向世界科技前沿和国家重大需求的力学拔尖人才，为航空航天企业培养和输送了一大批空天力学高级人才。

北航空天力学拔尖基地的目标是培养继承"两弹一星"精神、具备"力学善行，原始创新，交叉辐射，引领空天"特质的力学家。

三、北航空天力学拔尖计划培养模式

北航空天力学拔尖基地招收的学生入校后进入高等理工学院（沈元荣誉学院）学习，采用八年制本博贯通培养方案。基于培养拔尖人才重在引领方向、提供资源、营造环境、培养素质这一认识，北航空天力学拔尖人才的育人模式可以概括为"一体两翼、四制五维"，具体包括以下几点。

一体，是指导师团队引导下的、学生主体式的研究型学习。导师团队包括思政导师、学术导师和成长导师。三位导师分别从思想、学术、学习与职业生涯等角度为学生提供指导或引导。

两翼，是指柔性化的定制培养方案（即为学生匹配不同方向的课程套餐、导师定制课程模块等）和科教融合的进阶研修体系（即向大二学生开放综合创新研修，向大三学生开放校外实践研修，向大四学生开放本博一体化课题研修）。

四制，是指动态进出制（每学年根据学生表现进行退出和补录选拔）、书院涵养制（依托学校沈元荣誉学院，实施本博八年一贯制的书院式教育）、完全学分制（保障拔尖学生成长空间不受限制）和国际研修制（保障拔尖学生接触世界前沿领域知识）。

五维，是指从"浸、养、染、熏、培"五个维度构建育人空间，即以"科教协同、前沿牵引"营造浸润生态，以"科学兴趣、数理基础"构建养成体系，以"空天报国、大师引领"打造感染氛围，以"家国情怀、国际视野"形成熏陶环境，以"个性定制、荣誉体系"建立培养方案。

2022年，为适应经济社会发展对复合型人才的新需求，北航积极探索基础学科人才培养新模式，加强学生的学科交叉认知，进入空天力学拔尖基地的学生后续可自主选择"工程力学—信息与计算科学"理工双学士学位项目。

四、北航空天力学拔尖基地现状

北航空天力学拔尖基地从2021年开始招生，目前有两届学生共41人在读，两届学生的高考录取分数均远高于北航录取学生平均水平。2021级学生在校学习已满一年，2022级学生在校学习刚满一月，因此下述的学生情况分析主要针对2021级学生展开。

在2021级学生入学伊始，我们对其进行了问卷调查。第一次问卷调查显示，超半数学生希望未来在航空航天领域进行科学研究工作，超85%的学生在进入大学后基本适应拔尖基地的生活与学习，超80%的学生对学院的师资水平表示十分满意。

在总体满意的前提下，空天力学拔尖基地2021级学生在整个大一期间呈现不断进步的状态。如2021级学生大一秋季学期的算数平均分为82.99、加权平均分为82.03，而大一春季学期的算数平均分为83.38、加权平均分为82.95，有所上升；同时，整个基地超半数学生在高等理工学院152人（学院共包含空天力学拔尖计划、计算机科学拔尖计划、华罗庚数学拔尖计划、未来空天领军计划等四个特色班级的学生，2021级共152人）中的成绩排名均有上升，其中排名上升最快的学生春季学期比秋季学期上升了64名，总体上排名年级前列的学生越来越多。

总结来看，首届空天力学拔尖基地21名学生在校学习已满一年，大部分学生表现出色，大一学年表现如下：获得省部级学科竞赛一等奖及以上奖项2人次，获奖人次共计7人次；第一学年的班级平均分超过年级平均分，必修课共计6人次获得满分；班级有10名入党积极分子。同时，不得不承认首届仍有少部分天力学拔尖学生存在不适应拔尖计划培养模式的情况，面对这种情况，我们坚持严进严出动态流转原则,已经完成了相应的退出和补录工作,退出学生4人,等额补录学生4人,补录学生经过自愿报名、简历筛选和面试筛选等环节,所录取的学生均为心怀空天报国理想且成绩拔尖的优秀学生。

作为全国唯一一个以"空天"为特色的力学拔尖基地,我们坚持认为空天力学拔尖基地的学生成长离不开航空航天环境的沁润。我们在学校中传递航空航天情怀的同时,希望空天力学拔尖基地的学生在成长过程中真正地走到我国航空航天的工程一线,去了解一线的工程项目,去认识一线的科研人员,以实际工程为兴趣牵引、以工程人才为榜样,从而更加坚定和明确自己未来的职业发展方向。

基于此,2022年9月,北航空天力学拔尖基地聘请中国航空工业空气动力研究院钱战森副院长出任空天力学拔尖基地的成长导师,希望在成长导师的航空航天工程背景的影响下,激励、引导、帮助学生树立空天报国的信念并完成相关职业生涯规划。

成长导师钱战森与同学们合影

五、结　语

北航空天力学拔尖基地既根植于北航丰沃的航空航天家国情怀厚壤中，也根植于北航几代大师所发展的力学学科的厚壤中。相信未来空天力学拔尖基地的毕业生中一定会有人致力于空天力学基础和前沿问题的研究，为将中国建设成为空天强国做出贡献、为拓展人类生存空间贡献中国智慧。

（2022年10月）

致远学院的通识教育

上海交通大学
关增建

致远学院是上海交通大学（简称上海交大）一个独特的二级学院。它的产生，是上海交通大学积极探索具有自身特色的拔尖创新人才培养之路的结果。

上海交通大学是我国历史悠久、享誉海内外的著名高等学府之一，有着深厚的科技、人文底蕴，承担着为国家培养人才，尤其是培养能够引领中国经济、社会发展和科技进步的创新型领袖人才的重要使命。如何更好地实现这一使命，历代上海交大人对此做了孜孜不倦的思考和探索。从建校早期教育界"东方 MIT"（东方麻省理工学院）的称誉，到改革开放时成为中国高校改革的领头羊，交大人从来没有停止过自己探索的脚步。

在人才培养问题上，上海交大人意识到，在自己的师资队伍中有不少极具创新思维能力的教师，在自己的莘莘学子中不乏极具创新潜力的学生——应该打造一个平台，让这两群人聚集在一起，让他们的创造力相互激发，既能使教师在对学生的指导中产生灵感，保持科研之树常青，又能使学生在向教师的求学过程中获得受益终身的创新能力，最终成长为能够引领社会发展和科技进步的"参天大树"。为实现这一目标，2009 年，学校正式启动"上海交大理科班"项目，以培养具有批判性思维能力、知识整合能力、沟通协作能力、多元文化理解力和全球化视野的创新型领袖人才为旨归，拉开了交大拔尖创新人才培养的制度化探索的大幕。第二年，学校进一步为这一探索在体制机制上进行了特殊设计和安排：正式成立致远学院，由时任校长张杰院士亲自兼任院长，统筹全校资源，以全力培养新时代拔尖创新人才。交大的举措获得了教育部的认可，以致远学院为依托的上海交通大学基础学科拔尖学生培养试验计划，被正式纳入国家教育体制改革试点项目，成为教育部旨在培养基础学科拔尖人才的拔尖计划的首批成员。

致远学院作为一个"特区"，在人才培养方面进行了一系列系统、深刻的改革创新，逐渐形成了具有上海交通大学特色的基础学科拔尖学生培养模式，办学成效显著。致远学子对科学的激情和成为引领时代发展的创新型领袖人才的梦想得到充分激发，创新意识和科研潜力得到极大的提升和放大。2014年，致远学院人才培养模式荣获国家级教学成果奖一等奖。2018年，在教育部组织的全国基础学科拔尖学生培养试验计划的考核评估中，上海交通大学以致远学院作为自己的基础学科拔尖学生培养基地，与清华大学并列第一。此后，上海交通大学继续在教育部基础学科拔尖学生培养计划2.0基地名单中榜上有名，致远学院也开始了自己新的探索。

在总结了基础学科拔尖学生培养计划1.0成功经验的基础上，致远学院进一步对照自己设定的拔尖创新人才培养目标，检视已有的培养方案，并通过思考分析国内外科学大师（如杨振宁、李政道等）的成才之路，参考教育部考核评估专家的意见建议，决定进一步加强致远学院的通识教育。之所以做这样的决定，致远学院创院院长张杰院士一针见血地指出了其必要性："我从不怀疑致远学子的科研能力，但是我也很清楚，人必须培养出对社会的责任心和同理心，人也必须对科学以外的事物产生兴趣。致远学子的一生必须是完整的，不能只有科研一条路。"而通识教育是实现这一目标的有效途径。

对致远学院来说，要做出这样的决定并不容易，因为致远学子未来的目标是成为引领社会进步的科学大师，他们有太多的专业知识需要学习，怎么有精力再去涉猎跟自己的专业无关的其他学科的知识？对此，致远人经过讨论，达成了共识：正是为了实现对致远学子的培养目标，才需要对他们加强通识教育。通识教育有助于他们在科研之路上的成长。美国著名天文学家、物理学家、科普作家卡尔·萨根有一段话，可以反映致远人对这个问题的认识。萨根曾回忆他在大学本科期间的求学经历，说："在芝加哥大学，我还非常幸运地修完了罗伯特·M.胡钦斯开设的一门普通教育课[①]。他的课程将科学作为人类知识灿烂辉煌的织锦中

[①] 罗伯特·M.胡钦斯（Robert M. Huchins, 1899—1977），美国教育家，曾任芝加哥大学校长和名誉校长。正是由于他的努力，芝加哥大学成为美国通识教育重地。引文中的"普通教育课"，即指"通识教育（General Education）课"。

的一个组成部分展现在你的面前。难以想象一个有抱负的物理学家会不去了解柏拉图、亚里士多德、巴哈[①]、莎士比亚、吉本[②]、马林诺夫斯基[③]和弗洛伊德以及其他的著名学者们。在一堂科学概论课上，他将托勒密[④]关于太阳围绕地球旋转的学说讲得生动感人、引人入胜，使得一些学生对哥白尼学说的研究有了更新的认识。在胡钦斯的课程中，老师的地位与他们的研究几乎毫无关系。与今天美国大学的标准不同，那时对老师的评价却是根据他们的教学水平，以及他们是否具有向下一代传授知识和启发学生的能力。……这种活跃的学术气氛使我得以填补上了我过去所接受的教育中的许多空白。许多以前非常神秘（不仅是在科学方面）的东西在我的头脑中变得清晰明了起来。我同时也亲眼看到了那些能够发现一些宇宙规律的人所享受到的荣耀。"[1]

胡钦斯的通识教育课唤起了萨根对科学的兴趣。我们也一样，希望通识教育课程能够加深致远学子对科学的理解，丰富他们的人文素养，坚定他们投身科学事业的信念，培养他们学会享受在科学领域耕耘所带来的愉悦。

2018年12月9日，在教育部"基础学科拔尖学生培养计划"实施十年总结交流暨2.0工作研讨会上，致远学院作了题为"致远逐梦路，十年再出发"的主题汇报，并与与会者就致远学院建立"荣誉教师团队"和"荣誉导师团队"、打造通识教育体系、建设荣誉书院等设想进行了深入交流，得到评估专家和兄弟院校的一致好评。12月25日，致远学院通识教育委员会成立，建立致远学院通识教育课程体系、打造多门精品通识课程的任务得以加速推动。经过2019年春季学期的筹备和试运行，2019年秋季学期，致远学院通识教育课程体系开始正式运行。

致远学院通识教育课程体系的建立，秉持的是"量体裁衣，打造精品"的理念。所谓"量体裁衣"，是因为致远学院本身就是上海交通大学的人才培养"特区"。

[①] 一般译为巴赫，全名约翰·塞巴斯蒂安·巴赫（Johann Sebastian Bach, 1685—1750），巴洛克时期的德国作曲家，杰出的管风琴、小提琴、大键琴演奏家。巴赫被认为是音乐史上最重要的作曲家之一，并被尊称为"西方现代音乐之父"，也是西方文化史上最重要的人物之一。

[②] 爱德华·吉本（Edward Gibbon, 1737—1794），英国历史学家。其名著有《罗马帝国衰亡史》。

[③] 布罗尼斯瓦夫·马林诺夫斯基（Bronislaw Malinowsi, 1884—1942），波兰社会人类学家。作品有《迈卢土著人》（1915）、《原始心理学的祖先》（1927）以及《科学的文化论》（1944）。

[④] 克罗狄斯·托勒密（Claudius Ptolemy, ？—168），古希腊天文学家、地理学家和数学家，生于埃及，长期居住在亚历山大。他在天文学上的研究成果体现在《至大论》这部巨著之中。另著有《光学》和《地理学指南》。

这里的学子，一边肩负着繁重的专业学习任务，一边还要投入各种科研实践，尽早开始自己的科学研究生涯。这使得其通识教育课程体系的设计，在学分和课时方面受到很大限制。在这种情况下，就像上海话里说的"螺蛳壳里做道场"一样，只能在方寸之间腾挪。但这种情况是完全可以理解的，在致远学院推行通识教育，其设计必须符合致远学院的实际情况。高教界过去在推广通识教育时，曾有人把专业知识教育与通识教育对立起来，认为当代科学发展迅速，人们在大学学到的专业知识在毕业之后没有几年就过时了，"授人以鱼不如授人以渔"，专业知识传授是"授人以鱼"，通识教育才是"授人以渔"。这种说法是错误的。通识教育如果没有相应的专业知识作为基础，它一定是无根的，是空中楼阁，一推即倒。对学生来说，必要的专业知识学习不能虚化，这一点是教育设计者一定要坚持的。专业知识教育与通识教育应该统筹考虑，确定边界，做到彼此互补而不是互相冲击。这也是任何单位进行通识教育必须遵守的原则。

在具体做法上，致远学院的通识课程包括 3 个模块，分别为人文学科、社会科学和科学文化，要求学生在每个模块至少选修一门 2 学分的课程。人文学科模块由审美素养、中华文明、世界文明、哲学素养等方面的课程组成；社会科学模块则包括法学基础、经济学原理、社会学知识等领域的课程。考虑到致远学子均为理工科学生，对他们没有必要像一般的通识教育体系那样开设自然科学工程技术模块，我们从理解科学、沟通文理的角度，开设了科学文化模块。该模块由科学技术史类课程组成，希望借助于科学技术史学科本身兼具文理的特点，一方面，加深学生对科学本身，包括对自己所学专业领域之外的科学的理解；另一方面，培养学生的历史意识和批判性思维习惯，使他们能够成长为沟通文理的使节。

需要指出的是，在致远学院的通识教育体系中，专门开设了一门必修课——学术写作与规范。这一点，倒与哈佛大学有些相似。在美国高校，写作课通常是必修课，旨在培养学生的书面沟通和批判性思维能力。哈佛大学说理文写作课程创建于 1872 年，如今是该校本科生的唯一一门必修课。曾任该校说理文写作项目主任（1987—2008）、国际公认的写作研究领域领导者和获奖作家的南希·萨默斯（Nancy Sommers）教授认为："写作是一种用文字和隐喻标记世界的方式，是一个引领学生批判地、深度地阅读和有效地、清晰地书写的过程，是一个让学生发现自己真正关心所在和写出自己所思所想的路径。……写作是帮助学生确定人生方向的力量。"[2] 这些说法，充分表明了开设写作课的意义。同样，我们在致远学院开设写作课，着眼点并不限于帮助学生提高其撰写专业论文的能力——写作能力提升了，其撰写专业论文的能力当然会水涨船高——我们的目的在于帮助学生提升其表达和沟通的能力、提出问题和解决问题的能力、进行批判性思考的能力。

所谓"打造精品"，是指我们的每一门课都是精心选择的，是在充分考虑了它在整个通识课程体系中的作用、它本身的功能后决定的。课程选定以后，再以课觅人，面向校内外乃至国内外聘请最合适的教师承担教学任务。致远学院通识课程聚集了一批杰出的任课教师；每门课程从教学大纲到授课方式，都经历了某种形式的集体研讨。学院还组织通识课程任课教师定期开展集体研讨，为大家开阔学术视野、相互交流教学经验、提升授课质量发挥了有益的作用。通过采取这些措施，确保致远学院通识课程成为当之无愧的通识精品课程。

致远学院通识教育运行三年来，已经取得了一定的成绩：共开设过17门通识课程，1924位学生进行了选修，并将教育成果与经验融汇进"致远通识丛书"系列图书中。我们希望致远学子继续努力学好通识课程，同时也希望社会各界关注拔尖创新人才培养的有识之士能多多了解致远学院的通识教育，帮我们进行诊断，是其是，非其非，以便我们总结经验、克服不足，更好地完成为国家培育英才的任务。

参考文献

[1] 卡尔·萨根. 魔鬼出没的世界——科学，照亮黑暗的蜡烛. 李大光译. 海口：海南出版社，2015.

[2] 南希·萨默斯，赫明珠，于海琴. 写作何以成为哈佛大学唯一一门必修课程——南希·萨默斯与赫明珠、于海琴的对话. 华东师范大学学报（教育科学版），2022，40(1): 116-126.

（2022年10月）

附　录

全国拔尖基地汇总

发文序号	所属学校	类别	基地名称	发文时间
1	北京大学	数学	未名学者数学拔尖学生培养基地	2019年
2	清华大学	数学	学堂计划数学班——数学拔尖学生培养基地	2019年
3	北京师范大学	数学	"励耘计划"数学拔尖学生培养基地	2019年
4	中国科学院大学	数学	华罗庚英才班——数学拔尖学生培养基地	2019年
5	南开大学	数学	数学拔尖学生培养基地	2019年
6	吉林大学	数学	数学拔尖学生培养基地	2019年
7	复旦大学	数学	数学拔尖学生培养基地	2019年
8	上海交通大学	数学	数学拔尖学生培养基地	2019年
9	浙江大学	数学	数学与应用数学拔尖学生培养基地	2019年
10	中国科学技术大学	数学	华罗庚数学拔尖学生培养基地	2019年
11	山东大学	数学	数学拔尖学生培养基地	2019年
12	四川大学	数学	明远学园——数学拔尖学生培养基地（柯召班）	2019年
13	西安交通大学	数学	数学拔尖学生培养基地	2019年
14	北京大学	物理学	未名学者物理拔尖学生培养基地	2019年
15	清华大学	物理学	学堂计划叶企孙物理班——物理学拔尖学生培养基地	2019年
16	清华大学	力学	学堂计划钱学森力学班——力学拔尖学生培养基地	2019年
17	中国科学院大学	物理学	物理学拔尖学生培养基地	2019年
18	南开大学	物理学	物理学拔尖学生培养基地	2019年
19	吉林大学	物理学	物理学拔尖学生培养基地	2019年
20	复旦大学	物理学	物理学拔尖学生培养基地	2019年
21	上海交通大学	物理学	物理学拔尖学生培养基地	2019年
22	南京大学	物理学	物理学拔尖学生培养基地	2019年
23	浙江大学	物理学	物理学拔尖学生培养基地	2019年
24	中国科学技术大学	物理学	严济慈物理拔尖学生培养基地	2019年
25	武汉大学	物理学	物理学拔尖学生培养基地	2019年
26	华中科技大学	物理学	物理学拔尖学生培养基地	2019年
27	中山大学	物理学	物理学拔尖学生培养基地	2019年
28	西安交通大学	物理学	物理学拔尖学生培养基地	2019年
29	北京大学	化学	未名学者化学拔尖学生培养基地	2019年
30	清华大学	化学	学堂计划化学班——化学拔尖学生培养基地	2019年
31	南开大学	化学	化学拔尖学生培养基地	2019年
32	吉林大学	化学	化学拔尖学生培养基地	2019年
33	复旦大学	化学	化学拔尖学生培养基地	2019年

续 表

发文序号	所属学校	类别	基地名称	发文时间
34	上海交通大学	化学	化学拔尖学生培养基地	2019 年
35	南京大学	化学	化学拔尖学生培养基地	2019 年
36	浙江大学	化学	化学拔尖学生培养基地	2019 年
37	中国科学技术大学	化学	卢嘉锡化学拔尖学生培养基地	2019 年
38	厦门大学	化学	化学拔尖学生培养基地	2019 年
39	武汉大学	化学	化学拔尖学生培养基地	2019 年
40	四川大学	化学	明远学园——化学拔尖学生培养基地	2019 年
41	兰州大学	化学	化学拔尖学生培养基地	2019 年
42	北京大学	生物科学	未名学者生物科学拔尖学生培养基地	2019 年
43	清华大学	生物科学	学堂计划生物科学班——生物科学拔尖学生培养基地	2019 年
44	中国农业大学	生物科学	生物科学拔尖学生培养基地	2019 年
45	南开大学	生物科学	生物科学拔尖学生培养基地	2019 年
46	复旦大学	生物科学	生物科学拔尖学生培养基地	2019 年
47	上海交通大学	生物科学	生物科学拔尖学生培养基地	2019 年
48	浙江大学	生物科学	生物科学拔尖学生培养基地	2019 年
49	中国科学技术大学	生物科学	贝时璋生物科学拔尖学生培养基地	2019 年
50	厦门大学	生物科学	生物科学拔尖学生培养基地	2019 年
51	武汉大学	生物科学	生物科学拔尖学生培养基地	2019 年
52	华中科技大学	生物科学	生命科学拔尖学生培养基地	2019 年
53	华中农业大学	生物科学	生物科学拔尖学生培养基地	2019 年
54	中山大学	生物科学	生物科学拔尖学生培养基地	2019 年
55	四川大学	生物科学	明远学园——生物学拔尖学生培养基地	2019 年
56	兰州大学	生物科学	生物科学拔尖学生培养基地	2019 年
57	北京大学	计算机科学	未名学者计算机科学拔尖学生培养基地	2019 年
58	清华大学	计算机科学	学堂计划计算机科学班——计算机科学（含人工智能）拔尖学生培养基地	2019 年
59	北京航空航天大学	计算机科学	计算机科学拔尖学生培养基地	2019 年
60	北京理工大学	计算机科学	计算机科学拔尖学生培养基地	2019 年
61	哈尔滨工业大学	计算机科学	计算机科学拔尖学生培养基地	2019 年
62	上海交通大学	计算机科学	计算机科学拔尖学生培养基地	2019 年
63	南京大学	计算机科学	计算机科学拔尖学生培养基地	2019 年
64	浙江大学	计算机科学	计算机科学与技术拔尖学生培养基地	2019 年
65	华中科技大学	计算机科学	计算机科学拔尖学生培养基地	2019 年
66	电子科技大学	计算机科学	计算机科学拔尖学生培养基地	2019 年
67	西安交通大学	计算机科学	计算机科学拔尖学生培养基地	2019 年
68	国防科技大学	计算机科学	计算机科学拔尖学生培养基地	2019 年
69	南京大学	天文学	天文学拔尖学生培养基地	2019 年
70	北京师范大学	地理科学	"励耘计划"地理学拔尖学生培养基地	2019 年
71	南京信息工程大学	大气科学	大气科学拔尖学生培养基地	2019 年
72	厦门大学	海洋科学	海洋科学拔尖学生培养基地	2019 年
73	中国科学技术大学	地球物理学	赵九章地球物理学拔尖学生培养基地	2019 年
74	武汉大学	地球物理学	地球物理学拔尖学生培养基地	2019 年
75	南京大学	地质学	地质学拔尖学生培养基地	2019 年
76	中国地质大学（武汉）	地质学	地质学拔尖学生培养基地	2019 年

续表

发文序号	所属学校	类别	基地名称	发文时间
77	北京师范大学	心理学	"励耘计划"心理学拔尖学生培养基地	2019 年
78	北京大学	基础医学	未名学者基础医学拔尖学生培养基地	2019 年
79	复旦大学	基础医学	基础医学拔尖学生培养基地	2019 年
80	上海交通大学	基础医学	基础医学拔尖学生培养基地	2019 年
81	华中科技大学	基础医学	基础医学拔尖学生培养基地	2019 年
82	中山大学	基础医学	基础医学(陈心陶)拔尖学生培养基地	2019 年
83	四川大学	基础医学	明远学园——基础医学拔尖学生培养基地(怀德班)	2019 年
84	中国人民大学	哲学	哲学拔尖学生培养基地	2019 年
85	复旦大学	哲学	哲学拔尖学生培养基地	2019 年
86	南京大学	哲学	哲学拔尖学生培养基地	2019 年
87	武汉大学	哲学	哲学拔尖学生培养基地	2019 年
88	中国人民大学	经济学	经济学拔尖学生培养基地	2019 年
89	中央财经大学	经济学	数字经济时代经济学拔尖学生培养基地	2019 年
90	南开大学	经济学	经济学拔尖学生培养基地	2019 年
91	上海财经大学	经济学	经济学拔尖学生培养基地	2019 年
92	厦门大学	经济学	王亚南经济学拔尖学生培养基地	2019 年
93	西南财经大学	经济学	经济学拔尖学生培养基地	2019 年
94	北京大学	中国语言文学	未名学者中国语言文学拔尖学生培养基地	2019 年
95	北京师范大学	中国语言文学	"励耘计划"中国语言文学拔尖学生培养基地	2019 年
96	华东师范大学	中国语言文学	"元化班"中国语言文学拔尖学生培养基地	2019 年
97	浙江大学	中国语言文学	汉语言文学拔尖学生培养基地	2019 年
98	山东大学	中国语言文学	中国语言文学拔尖学生培养基地	2019 年
99	四川大学	中国语言文学	明远学园——中国语言文学拔尖学生培养基地(锦江书院)	2019 年
100	中国人民大学	历史学	历史学拔尖学生培养基地	2019 年
101	北京师范大学	历史学	"励耘计划"历史学拔尖学生培养基地	2019 年
102	南开大学	历史学	历史学拔尖学生培养基地	2019 年
103	华东师范大学	历史学	"历史+"拔尖学生培养基地	2019 年
104	中山大学	历史学	历史学拔尖学生培养基地	2019 年
1	北京航空航天大学	数学	华罗庚数学拔尖学生培养基地	2020 年
2	大连理工大学	数学	华罗庚数学拔尖学生培养基地	2020 年
3	哈尔滨工业大学	数学	数学拔尖学生培养基地	2020 年
4	同济大学	数学	数学拔尖学生培养基地	2020 年
5	华东师范大学	数学	数学拔尖学生培养基地	2020 年
6	南京大学	数学	数学拔尖学生培养基地	2020 年
7	厦门大学	数学	景润拔尖班——数学拔尖学生培养基地	2020 年
8	武汉大学	数学	数学拔尖学生培养基地	2020 年
9	中山大学	数学	数学拔尖学生培养基地	2020 年
10	北京师范大学	物理学	"励耘计划"物理学拔尖学生培养基地	2020 年
11	山西大学	物理学	物理学拔尖学生培养基地	2020 年
12	同济大学	物理学	物理学拔尖学生培养基地	2020 年
13	华东师范大学	物理学	物理学拔尖学生培养基地	2020 年
14	厦门大学	物理学	萨本栋物理学拔尖学生培养基地	2020 年
15	山东大学	物理学	物理学拔尖学生培养基地	2020 年
16	兰州大学	物理学	物理学拔尖学生培养基地	2020 年

续表

发文序号	所属学校	类别	基地名称	发文时间
17	国防科技大学	物理学	物理学拔尖学生培养基地	2020年
18	北京大学	力学	未名学者力学拔尖学生培养基地	2020年
19	北京航空航天大学	力学	空天力学拔尖学生培养基地	2020年
20	天津大学	力学	力学拔尖学生培养基地	2020年
21	哈尔滨工业大学	力学	力学拔尖学生培养基地	2020年
22	南京航空航天大学	力学	力学拔尖学生培养基地	2020年
23	浙江大学	力学	力学拔尖学生培养基地	2020年
24	中国科学技术大学	力学	钱学森力学拔尖学生培养基地	2020年
25	西安交通大学	力学	力学拔尖学生培养基地	2020年
26	北京师范大学	化学	"励耘计划"化学拔尖学生培养基地	2020年
27	大连理工大学	化学	张大煜化学拔尖学生培养基地	2020年
28	华东理工大学	化学	化学拔尖学生培养基地	2020年
29	福州大学	化学	化学拔尖学生培养基地	2020年
30	山东大学	化学	化学拔尖学生培养基地	2020年
31	华中科技大学	化学	化学拔尖学生培养基地	2020年
32	湖南大学	化学	化学拔尖学生培养基地	2020年
33	中山大学	化学	化学拔尖学生培养基地	2020年
34	北京师范大学	生物科学	"励耘计划"生物科学拔尖学生培养基地	2020年
35	中国科学院大学	生物科学	贝时璋英才班——生物科学拔尖学生培养基地	2020年
36	吉林大学	生物科学	生物科学拔尖学生培养基地	2020年
37	同济大学	生物科学	生命科学拔尖学生培养基地	2020年
38	南京大学	生物科学	生物科学拔尖学生培养基地	2020年
39	山东大学	生物科学	生物学拔尖学生培养基地	2020年
40	云南大学	生物科学	生物科学拔尖学生培养基地	2020年
41	西北农林科技大学	生物科学	生物科学拔尖学生培养基地	2020年
42	北京邮电大学	计算机科学	计算机科学拔尖学生培养基地	2020年
43	中国科学院大学	计算机科学	计算机科学与技术拔尖学生培养基地	2020年
44	吉林大学	计算机科学	计算机科学拔尖学生培养基地	2020年
45	同济大学	计算机科学	计算机科学拔尖学生培养基地	2020年
46	中国科学技术大学	计算机科学	华夏计算机科学拔尖学生培养基地	2020年
47	武汉大学	计算机科学	计算机科学拔尖学生培养基地	2020年
48	中南大学	计算机科学	计算机科学拔尖学生培养基地	2020年
49	西北工业大学	计算机科学	计算机科学拔尖学生培养基地	2020年
50	西安电子科技大学	计算机科学	计算机科学拔尖学生培养基地	2020年
51	中国科学技术大学	天文学	王绶琯天文学拔尖学生培养基地	2020年
52	北京大学	地理科学	未名学者地理科学拔尖学生培养基地	2020年
53	华东师范大学	地理科学	地理科学拔尖学生培养基地	2020年
54	南京大学	地理科学	地理科学拔尖学生培养基地	2020年
55	北京大学	大气科学	未名学者大气科学拔尖学生培养基地	2020年
56	南京大学	大气科学	大气科学拔尖学生培养基地	2020年
57	中国海洋大学	海洋科学	海洋科学拔尖学生培养基地	2020年
58	北京大学	地球物理学	未名学者地球物理学拔尖学生培养基地	2020年
59	中国地质大学(北京)	地质学	燕山书院——地质学拔尖学生培养基地	2020年
60	西北大学	地质学	地质学拔尖学生培养基地	2020年

续表

发文序号	所属学校	类别	基地名称	发文时间
61	华东师范大学	心理学	"耀翔班"心理学拔尖学生培养基地	2020年
62	华南师范大学	心理学	心理学拔尖学生培养基地	2020年
63	北京大学	哲学	未名学者哲学拔尖学生培养基地	2020年
64	清华大学	哲学	哲学拔尖学生培养基地	2020年
65	北京师范大学	哲学	"励耘计划"哲学拔尖学生培养基地	2020年
66	南开大学	哲学	哲学拔尖学生培养基地	2020年
67	吉林大学	哲学	哲学拔尖学生培养基地（求真书院）	2020年
68	北京师范大学	经济学	"励耘计划"经济学拔尖学生培养基地	2020年
69	对外经济贸易大学	经济学	经济学拔尖学生培养基地	2020年
70	东北财经大学	经济学	经济学拔尖学生培养基地	2020年
71	复旦大学	经济学	经济学拔尖学生培养基地	2020年
72	南京大学	经济学	经济学拔尖学生培养基地	2020年
73	浙江大学	经济学	经济学拔尖学生培养基地	2020年
74	山东大学	经济学	经济学拔尖学生培养基地	2020年
75	武汉大学	经济学	经济学拔尖学生培养基地	2020年
76	中国人民大学	中国语言文学	中国语言文学拔尖学生培养基地	2020年
77	南开大学	中国语言文学	中国语言文学拔尖学生培养基地	2020年
78	复旦大学	中国语言文学	中国语言文学拔尖学生培养基地	2020年
79	南京大学	中国语言文学	中国语言文学拔尖学生培养基地	2020年
80	武汉大学	中国语言文学	中国语言文学拔尖学生培养基地	2020年
81	中山大学	中国语言文学	中国语言文学拔尖学生培养基地	2020年
82	北京大学	历史学	未名学者历史学拔尖学生培养基地	2020年
83	首都师范大学	历史学	历史学拔尖学生培养基地	2020年
84	吉林大学	历史学	考古学拔尖学生培养基地	2020年
85	东北师范大学	历史学	历史学拔尖学生培养基地	2020年
86	复旦大学	历史学	历史学拔尖学生培养基地	2020年
87	华中师范大学	历史学	"开沅"历史学拔尖学生培养基地	2020年
88	浙江大学	基础医学	基础医学拔尖学生培养基地	2020年
89	中南大学	基础医学	基础医学拔尖学生培养基地	2020年
90	南方医科大学	基础医学	基础医学拔尖学生培养基地	2020年
91	西安交通大学	基础医学	侯宗濂基础医学拔尖学生培养基地	2020年
92	沈阳药科大学	药学	药学拔尖学生培养基地	2020年
93	复旦大学	药学	药学拔尖学生培养基地	2020年
94	中国药科大学	药学	基础药学拔尖学生培养基地	2020年
95	天津中医药大学	中药学	中药学拔尖学生培养基地	2020年
1	北京理工大学	数学	数学拔尖学生培养基地	2021年
2	首都师范大学	数学	数学拔尖学生培养基地	2021年
3	天津大学	数学	求是数学拔尖学生培养基地	2021年
4	东北师范大学	数学	陆家羲数学物理拔尖学生培养基地	2021年
5	华中科技大学	数学	数学拔尖学生培养基地	2021年
6	湘潭大学	数学	数学拔尖学生培养基地	2021年
7	兰州大学	数学	数学拔尖学生培养基地	2021年
8	中国人民大学	物理学	物理学拔尖学生培养基地	2021年
9	北京航空航天大学	物理学	物理学拔尖学生培养基地	2021年

附 录

续表

发文序号	所属学校	类别	基地名称	发文时间
10	大连理工大学	物理学	王大珩物理学拔尖学生培养基地	2021年
11	哈尔滨工业大学	物理学	物理学拔尖学生培养基地	2021年
12	南京大学	物理学	大理科拔尖学生培养基地	2021年
13	东南大学	物理学	物理学拔尖学生培养基地	2021年
14	华中师范大学	物理学	物理学拔尖学生培养基地	2021年
15	中南大学	物理学	物理学拔尖学生培养基地	2021年
16	华南师范大学	物理学	物理学拔尖学生培养基地	2021年
17	四川大学	物理学	明远学园——物理学拔尖学生培养基地	2021年
18	大连理工大学	力学	钱令希力学拔尖学生培养基地	2021年
19	同济大学	力学	力学拔尖学生培养基地	2021年
20	上海交通大学	力学	致远学院——力学拔尖学生培养基地	2021年
21	华中科技大学	力学	力学拔尖学生培养基地	2021年
22	西北工业大学	力学	力学拔尖学生培养基地	2021年
23	国防科技大学	力学	航天力学拔尖学生培养基地	2021年
24	北京航空航天大学	化学	化学拔尖学生培养基地	2021年
25	北京化工大学	化学	宏德化学拔尖学生培养基地	2021年
26	中国科学院大学	化学	化学拔尖学生培养基地	2021年
27	天津大学	化学	化学拔尖学生培养基地	2021年
28	同济大学	化学	化学拔尖学生培养基地	2021年
29	华东师范大学	化学	化学拔尖学生培养基地	2021年
30	郑州大学	化学	化学拔尖学生培养基地	2021年
31	华南理工大学	化学	化学拔尖学生培养基地	2021年
32	西北大学	化学	化学拔尖学生培养基地	2021年
33	北京大学	生物科学	未名学者生态学拔尖学生培养基地	2021年
34	北京林业大学	生物科学	生物科学拔尖学生培养基地	2021年
35	天津大学	生物科学	生命科学拔尖学生培养基地	2021年
36	内蒙古大学	生物科学	生物科学拔尖学生培养基地	2021年
37	东北师范大学	生物科学	生物科学拔尖学生培养基地	2021年
38	华东师范大学	生物科学	生物科学拔尖学生培养基地	2021年
39	南京农业大学	生物科学	生物科学拔尖学生培养基地	2021年
40	南京师范大学	生物科学	生物科学拔尖学生培养基地	2021年
41	中国海洋大学	生物科学	生物科学拔尖学生培养基地	2021年
42	中南大学	生物科学	生物科学拔尖学生培养基地	2021年
43	中国人民大学	计算机科学	计算机科学拔尖学生培养基地	2021年
44	北京交通大学	计算机科学	计算机科学拔尖学生培养基地	2021年
45	天津大学	计算机科学	计算机科学拔尖学生培养基地	2021年
46	大连理工大学	计算机科学	计算机科学拔尖学生培养基地	2021年
47	复旦大学	计算机科学	计算机科学拔尖学生培养基地	2021年
48	华东师范大学	计算机科学	计算机科学拔尖学生培养基地	2021年
49	东南大学	计算机科学	计算机科学拔尖学生培养基地	2021年
50	山东大学	计算机科学	计算机科学拔尖学生培养基地	2021年
51	湖南大学	计算机科学	计算机科学拔尖学生培养基地	2021年
52	中山大学	计算机科学	计算机科学拔尖学生培养基地	2021年
53	华南理工大学	计算机科学	计算机科学拔尖学生培养基地	2021年

续 表

发文序号	所属学校	类别	基地名称	发文时间
54	重庆大学	计算机科学	曙光计算机科学拔尖学生培养基地	2021年
55	北京大学	天文学	未名学者天文学拔尖学生培养基地	2021年
56	武汉大学	地理科学	地理科学拔尖学生培养基地	2021年
57	国防科技大学	大气科学	大气科学拔尖学生培养基地	2021年
58	中山大学	海洋科学	"深蓝"海洋科学拔尖学生培养基地	2021年
59	中国地质大学（武汉）	地球物理学	地球物理学拔尖学生培养基地	2021年
60	北京大学	地质学	未名学者地质学拔尖学生培养基地	2021年
61	北京大学	心理学	未名学者心理学拔尖学生培养基地	2021年
62	华东师范大学	哲学	哲学拔尖学生培养基地	2021年
63	东南大学	哲学	哲学拔尖学生培养基地	2021年
64	浙江大学	哲学	哲学拔尖学生培养基地	2021年
65	山东大学	哲学	哲学拔尖学生培养基地	2021年
66	中山大学	哲学	哲学拔尖学生培养基地	2021年
67	北京大学	经济学	未名学者经济学拔尖学生培养基地	2021年
68	清华大学	经济学	经济学拔尖学生培养基地	2021年
69	辽宁大学	经济学	经济学拔尖学生培养基地	2021年
70	吉林大学	经济学	理论经济学拔尖学生培养基地	2021年
71	中山大学	经济学	经济学拔尖学生培养基地	2021年
72	西北大学	经济学	经济学拔尖学生培养基地	2021年
73	首都师范大学	中国语言文学	中国语言文学拔尖学生培养基地	2021年
74	北京语言大学	中国语言文学	"中文国际传播"中国语言文学拔尖学生培养基地	2021年
75	吉林大学	中国语言文学	中国语言文学学生培养基地	2021年
76	厦门大学	中国语言文学	"鼓浪文兴"中国语言文学拔尖学生培养基地	2021年
77	福建师范大学	中国语言文学	孙绍振中国语言文学拔尖学生培养基地	2021年
78	华中师范大学	中国语言文学	中国语言文学拔尖学生培养基地	2021年
79	陕西师范大学	中国语言文学	中国语言文学拔尖学生培养基地	2021年
80	南京大学	历史学	历史学拔尖学生培养基地	2021年
81	浙江大学	历史学	历史学拔尖学生培养基地	2021年
82	厦门大学	历史学	历史学拔尖学生培养基地（傅衣凌班）	2021年
83	山东大学	历史学	"考古+"拔尖学生培养基地	2021年
84	武汉大学	历史学	历史学拔尖学生培养基地	2021年
85	四川大学	历史学	明远学园——历史学拔尖学生培养基地	2021年
86	南京医科大学	基础医学	基础医学拔尖学生培养基地	2021年
87	北京大学	药学	未名学者药学拔尖学生培养基地	2021年
88	浙江大学	药学	药学拔尖学生培养基地	2021年
89	北京中医药大学	中药学	中药学拔尖学生培养基地（时珍国药班）	2021年